プリント形式のリアル過去問で本番の臨場感！

岩手県 ★ 県立

一関第一高等学校附属中学校

2025年★春受験用

解答集

本書は，実物をなるべくそのままに，プリント形式で年度ごとに収録しています。
問題用紙を教科別に分けて使うことができるので，本番さながらの演習ができます。

■ 収録内容

・解答集（この冊子です）

　　　書籍ＩＤ番号，この問題集の使い方，最新年度実物データ，リアル過去問の活用，
　　　解答例と解説，ご使用にあたってのお願い・ご注意，お問い合わせ

・2024（令和６）年度 ～ 2020（令和２）年度　学力検査問題

資料の非掲載につきまして

○は収録あり

年度	'24	'23	'22	'21	'20
■ 問題（適性検査・作文）※	○	○	○	○	○
■ 解答用紙	○	○	○	○	○
■ 配点	○	○	○	○	○

全分野に解説があります

※放送を聞いて答える問題は非公表
注）問題文等非掲載:2021年度適性検査Ⅱの2の資料,2020年度適性
検査Ⅱの2の資料

JN131860

K 教英出版

■ 書籍ID番号

入試に役立つダウンロード付録や学校情報などを随時更新して掲載しています。
教英出版ウェブサイトの「ご購入者様のページ」画面で，書籍ID番号を入力してご利用ください。

書籍ID番号 **101204**

（有効期限：2025年9月30日まで）

【入試に役立つダウンロード付録】
「要点のまとめ(国語／算数)」
「課題作文演習」ほか

■ この問題集の使い方

年度ごとにプリント形式で収録しています。針を外して教科ごとに分けて使用します。①片側，②中央
のどちらかでとじてありますので，下図を参考に，問題用紙と解答用紙に分けて準備をしましょう（解答
用紙がない場合もあります）。

針を外すときは，けがをしないように十分注意してください。また，針を外すと紛失しやすくなります
ので気をつけましょう。

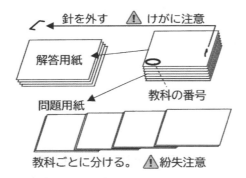

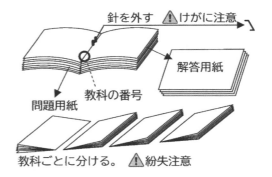

※教科数が上図と異なる場合があります。
解答用紙がない場合や，問題と一体になっている場合があります。
教科の番号は，教科ごとに分けるときの参考にしてください。

■ 最新年度 実物データ

実物をなるべくそのままに編集してい
ますが，収録の都合上，実際の試験問題
とは異なる場合があります。実物のサイ
ズ，様式は右表で確認してください。

※令和6年度から，収録している適性検査Ⅰ，Ⅱの解答用紙の
大きさと組み方を変更して編集しています。

問題用紙	A4冊子(二つ折り)
解答用紙	適性：A4片面プリント 作文：A3片面プリント

リアル過去問の活用

~リアル過去問なら入試本番で力を発揮することができる~

❁ 本番を体験しよう！

問題用紙の形式（縦向き / 横向き），問題の配置や余白など，実物に近い紙面構成なので本番の臨場感が味わえます。まずはパラパラとめくって眺めてみてください。「これが志望校の入試問題なんだ！」と思えば入試に向けて気持ちが高まることでしょう。

❁ 入試を知ろう！

同じ教科の過去数年分の問題紙面を並べて，見比べてみましょう。

① 問題の量

毎年同じ大問数か，年によって違うのか，また全体の問題量はどのくらいか知っておきましょう。どのくらいのスピードで解けば時間内に終わるのか，大問ひとつにかけられる時間を計算してみましょう。

② 出題分野

よく出題されている分野とそうでない分野を見つけましょう。同じような問題が過去にも出題されていることに気がつくはずです。

③ 出題順序

得意な分野が毎年同じ大問番号で出題されていると分かれば，本番で取りこぼさないように先回りして解答することができるでしょう。

④ 解答方法

記述式か選択式か（マークシートか），見ておきましょう。記述式なら，単位まで書く必要があるかどうか，文字数はどのくらいかなど，細かいところまでチェックしておきましょう。計算過程を書く必要があるかどうかも重要です。

⑤ 問題の難易度

必ず正解したい基本問題，条件や指示の読み間違いといったケアレスミスに気をつけたい問題，後回しにしたほうがいい問題などをチェックしておきましょう。

❁ 問題を解こう！

志望校の入試傾向をつかんだら，問題を何度も解いていきましょう。ほかにも問題文の独特な言いまわしや，その学校独自の答え方を発見できることもあるでしょう。オリンピックや環境問題など，話題になった出来事を毎年出題する学校だと分かれば，日頃のニュースの見かたも変わってきます。

こうして志望校の入試傾向を知り対策を立てることこそが，過去問を解く最大の理由なのです。

❁ 実力を知ろう！

過去問を解くにあたって，得点はそれほど重要ではありません。大切なのは，志望校の過去問演習を通して，苦手な教科，苦手な分野を知ることです。苦手な教科，分野が分かったら，教科書や参考書に戻って重点的に学習する時間をつくりましょう。今の自分の実力を知れば，入試本番までの勉強の道すじが見えてきます。

❁ 試験に慣れよう！

入試では時間配分も重要です。本番で時間が足りなくなってあわてないように，リアル過去問で実戦演習をして，時間配分や出題パターンに慣れておきましょう。教科ごとに気持ちを切り替える練習もしておきましょう。

❁ 心を整えよう！

入試は誰でも緊張するものです。入試前日になったら，演習をやり尽くしたリアル過去問の表紙を眺めてみましょう。問題の内容を見る必要はもうありません。どんな形式だったかな？受験番号や氏名はどこに書くのかな？…ほんの少し見ておくだけでも，志望校の入試に向けて心の準備が整うことでしょう。

そして入試本番では，見慣れた問題紙面が緊張した心を落ち着かせてくれるはずです。

※まれに入試形式を変更する学校もありますが，条件はほかの受験生も同じです。心を整えてあせらずに問題に取りかかりましょう。

《解答例》

1　問題１．円の中心の位置…円を半分に重なるように折ってできた２本の線が交わった点。　理由…円が重なるように折ったときにできる線は直径であり，円の中心は直径上にあるので，２本の直径が交わった点が円の中心になるから。　問題２．(1)１：７　(2)300　(3)35325　問題３．共通点…人もメダカも受精らんから少しずつ体の形ができてくること。　ちがい…メダカはたまごの中にある養分や，たまごからかえったあとは養分の入ったふくろの中の養分で育つが，ヒトは母親からへそのおを通して養分を受け取り育つこと。　問題４．イ

2　問題１．右図　問題２．(1)24，30，36，42，48　(2)40
問題３．記号…ウ　理由…空気はおしちぢめられたあと，もとにもどろうとする力がはたらくが，水はおしちぢめることができないので，ボールをはずませようとしたとき，体積が変わらず，もとにもどろうとする力がはたらかないから。

日にち	時間帯	校庭		体育館
3日前 （水）	朝	1－2		1－1
		2－1		
	昼休み	2－2		3－1
		3－2		
2日前 （木）	朝	1－1		1－2
		2－1		
	昼休み	【会場準備】		2－2
		【会場準備】		
1日前 （金）	朝	1－1		2－1
		2－2		
	昼休み	1－2		3－2
		3－1		

《解　説》

1　問題１　２本の円の直径はそれぞれ真ん中の点で交わるので，円の中心になる。

問題２(1)　比の数をそれぞれ100倍し，一度整数の比にして考えると，0.75：5.25＝75：525＝１：７となる。

(2)　実際の敷地の円の半径は，（6×5000）cm＝30000cm＝300mである。

(3)　面積の比は紙の重さの比と等しいから，（Aの面積）：（Bの面積）＝１：７となるので，Aの面積はAとBの面積の和の$\frac{1}{1+7}=\frac{1}{8}$（倍）である。AとBの面積の和は半径300mの円の面積であり，300×300×3.14＝90000×3.14（㎡）だから，求める面積は（90000×3.14）×$\frac{1}{8}$＝35325（㎡）である。

問題４　磁石は，同じ極を近づけると反発し合い，異なる極を近づけると引き合う。リニアモーターカー内部にある磁石が，かべにうめこまれた電磁石の上側と引き合い，下側と反発し合うとリニアモーターカーがうき上がる。

2　問題１　３年生は２回ずつ，１，２年生は３回ずつ割り当てる。３年生は朝に割り当てをしないので，体育館を使用しない方のクラスをその日の昼休みに割り当てればよいから，３日前の昼休みに３－２，１日前の昼休みに３－１が入り，３年生の割り当ては確定する。

次に，校庭の２クラスは違う学年にするので，朝に校庭を使う１組目は，必ず体育館を使用している学年と同じ学年が入る。よって，３日前の朝は１－２，２日前の朝は１－１，１日前の朝は２－２が入ることが確定し，１年生を①，２年生を②とすると，右表のような割り当てに決まる。

この時点で割り当てが決まっていないのは５か所あり，

１－１，１－２，２－２をそれぞれ１回ずつ，２－１を２回

日にち	時間帯	校庭		体育館
3日前 （水）	朝	1－2		1－1
		ア．②		
	昼休み	イ．①または②		3－1
		3－2		
2日前 （木）	朝	1－1		1－2
		ウ．②		
	昼休み	【会場準備】		2－2
		【会場準備】		
1日前 （金）	朝	エ．①		2－1
		2－2		
	昼休み	オ．①または②		3－2
		3－1		

入れればよいが，条件を満たすような組み合わせであればどのような割り当てにしてもよい。例えば，残り２回入

れる必要がある2―1について，アとウに入れる。2―2はイかオのどちらに入れてもよいが，イに入れると，残りの1―1と1―2をそれぞれエまたはオに割り当てればよい。エに1―1，オに1―2を入れると，解答例のようになる。

問題2(1) 1.2倍＝$\frac{6}{5}$倍であり，2―1の回数は1―1のちょうど$\frac{6}{5}$倍なので，2―1の回数が整数となるためには，1―1の回数が5の倍数となる必要がある。1―1の回数は20回以上52回以下の5の倍数となるが，40×$\frac{6}{5}$＝48（回），45×$\frac{6}{5}$＝54（回）となり，1―1の回数を45回以上とすると，2―1の回数が52回より多くなり，条件に合わないから，1―1の回数は20回，25回，30回，35回，40回のいずれかだとわかる。よって，2―1の回数はこれらの値を$\frac{6}{5}$倍して，24回，30回，36回，42回，48回のいずれかである。

(2) Cさんの話より，1―2は1―1より7回多くとんだので，27回，32回，37回，42回，47回のいずれかである。Dさんの話より，2―1は1―2より多くとんだので，1―2の回数が42回以下だとすると，この話とつじつまが合わない。よって，1―2の回数は47回だから，1―1の回数は40回である。

問題3 空気で満たしたボールを地面に落とすと，地面にあたったときボールが変形し（つぶれ），中の空気がおしちぢめられる。この後，おしちぢめられた空気がもとにもどろうとして，ボールがはずむ。

《解答例》

1. 問題1．選んだグラフの記号…イ，エ　伝えたい内容…春休み期間の３，４月に生乳の生産量が多いことと，生乳の用途別消費量で牛乳が半数を占めていることをもとに，春休み中に牛乳を飲むように呼びかける。

問題2．牛乳…ア　バター…イ　アイスクリーム…ウ　　問題3．(1)ア．○　イ．×　ウ．×　エ．×　(2)①生産②加工　(3)自らが育てた木材を切り出し，その木材からいすなどの家具をつくり，道の駅で販売する。

2. 問題1．ア．○　イ．×　ウ．×　エ．×　オ．○　　問題2．(1)イ　(2)輸送時の二酸化炭素の排出量が少ない。／渋滞がないため，決められた時刻に運ぶことができる。

3. 問題1．(1)うお座の人は，音楽が好きで，音楽で得意なことがある。　(2)My birthday is May 19.

問題2．(1)資料6から，在住外国人の多くが，困っていること，手伝ってほしいこととして「病気やけがなどの医療」と回答していることが分かります。また，資料7から，約半数近くの在住外国人は，病院で症状を日本語で説明できないということが分かります。　(2)紙面だけではなく，ＳＮＳでも発信する。

《解　説》

1. **問題1**　イ，エ　　それぞれの資料を読み取っていくと，アの資料からは北海道の生乳生産量が他県よりはるかに多いことが読み取れる。イの資料からは，春休み中の３月４月の生乳生産量が，１年の中でも多いことが読み取れる。ウの資料からは，生乳の無脂肪固形分・脂肪分ともに 12 月から２月にかけて多く，６月から８月にかけて少ないことが読み取れる。エの資料からは，生乳の半分以上が牛乳として消費されることが読み取れる。以上のことから，春休み（３月４月）中に牛乳を飲もうと思ってもらうための記事のグラフには，ウではなく，イがより適している。イとエから，３月４月に生産量が増える生乳から多くの牛乳が生産されることをアピールするような内容を考える。

問題2　牛乳…ア　バター…イ　アイスクリーム…ウ　　生乳生産量は北海道が圧倒的に多いことは知っておきたい。まず，地域ごとの工場数の差が大きいイとウを考える。資料2より，バターは「製品に加工してから消費地に運ぶ」ことから，バターを製造する工場は生産地に立地する場合が多いと考えられるので，北海道に工場数が多いイがバターである。アイスクリームは，「とかさずに運ぶためには冷蔵より費用がかかる」ことから，アイスクリームを製造する工場は消費地に立地する場合が多いと考えられるので，人口が多い関東に工場数が多いウがアイスクリームである。残ったアは牛乳である。

問題3(1)　ア＝○　イ＝×　ウ＝×　エ＝×　　ア．資料5を見ると，酪農家戸数は 1970 年が約 300（千戸），2020 年は約 20（千戸）だから正しい。イ．資料5を見ると，1965 年と 2020 年の乳用牛頭数がほとんど同じで，酪農家戸数は 1965 年の方が多いのだから，一戸当たりで飼育する乳用牛の数は 2020 年の方が多い。ウ．資料6を見ると，岩手県の酪農家戸数は，2013 年が 1116 戸，2023 年が 691 戸だから，２分の１以下になっていない。エ．50 頭以上を飼育する大規模な酪農家戸数は，2013 年が 125 戸で 2023 年が 139 戸と増えているが，酪農家戸数の全体は減っているから，50 頭以上を飼育する大規模な酪農家戸数の割合は増えている。　**(2)**　①＝生産　②＝加工　　農林水産業が第一次産業，製造業などが第二次産業，サービス業などが第三次産業である。　**(3)**　木材を生産し，その木材を使った商品をつくり，それらを販売するところまでを書けばよい。

2. **問題1**　ア＝○　イ＝×　ウ＝×　エ＝×　オ＝○　　ア．資料2の中に仙台藩，一関藩，八戸藩が見られる。

イ．資料２を見ると，現在の九戸郡は，八戸藩→八戸県→北九戸郡と移り変わっているが，青森県には入っていない。ウ．資料１の明治４年 11 月の行を見ると，登米市が一関県にあったことがわかる。エ．資料から岩手県の県庁の位置は読み取れない。オ．資料２の戊辰戦争前の図を見ると，盛岡藩にも八戸藩にも飛び地が見られる。

問題２(1)　イ　　定期便利用者数は，平成 29 年度が約 42 万人，平成９年度が約 55 万人だから，42÷55×100＝76.3…より，70％以上になっている。　　(2)　資料６から，二酸化炭素の排出量がトラック輸送より少ないことを読み取る。資料７から，トラック輸送に比べて輸送時間が変動しにくいことを読み取る。

3　**問題１**(1)　資料２のうお座のたんじょう月日（２月 19 日～３月 20 日）より，うお座は Pedro，Emma，Ana，Park の４人である。資料１の自己しょうかいカード参照。Pedro「歌を歌うのが得意です。カラオケが好きです」，Emma「ピアノを弾(ひ)くのが得意です。音楽のＣＤをたくさん持っています」，Ana「たくさんの歌を聴(き)きます。ギターを弾くことができます」，Park「K ポップが好きです。歌を歌うのとダンスをするのが上手です」より，うお座の人は音楽が好きで，音楽で得意なことがあるという共通点があると言える。　　・I am good at ~ing.「私は～することが得意です」　　・I can ~ well.「私は上手に～することができます」　　(2)　例や資料２を参考に，〈My birthday is 月＋数字.〉の形で答える。月は大文字で書き始めることに注意する。(例文)「私のたんじょう日は５月 19 日です」

問題２(1)　資料６の４位にある「病気やけがなどの医療」，資料７の③の「病院で症状を日本語で説明する」を関連付けて書こう。　　(2)　ＳＮＳを利用することで，資料８の「言語の数が増える」「やさしい日本語の発信が増える」「情報発信の方法が増える」「発信の頻度が増える」の中のいくつかは解消できる可能性がある。

《解答例》

1 〈作文のポイント〉

・最初に自分の主張、立場を明確に決め、その内容に沿って書いていく。

・わかりやすい表現を心がける。自信のない表現や漢字は使わない。

　さらにくわしい作文の書き方・作文例はこちら！→https://kyoei-syuppan.net/mobile/files/sakupo.html

《解答例》

1　問題1．(1)244, 334, 343, 424, 433, 442　(2)【2等】…4　【3等】…2　　問題2．【理由】…アは，花がさいてからかれるまでめしべの先に花粉以外のほかのものがついてしまう可能性があり，本当に花粉が受粉したことにより実ができたのかどうかが分からなくなってしまったから。　【修正】…アのめばなに受粉させたあとの手順③で，花がしぼむまではイと同じようにふくろをかぶせたままにしておく。　　問題3．(1)128　(2)8
　　問題4．【太陽の位置】…④　【かげ】…ウ

2　問題1．(1)5400　(2)でんぷんを別の物に変化させるはたらき　　問題2．クラゲ1ぴきあたりの水のかさで混みぐあいを調べます。水そうAは，50÷20＝2.5(L)　水そうBは，20÷9＝2.222…(L)　つまり，1ぴきあたりの水のかさは水そうAの方が多いので，水そうBの方が混んでいることがわかります。
　　問題3．(1)5000　(2)木を燃やす。／息を吐き出す。　　問題4．【記号】…イ　【理由】…観覧車のゴンドラが一周する長さは，80×3.14＝251.2(m)　秒速30cm＝分速18mだから観覧車が一周するのにかかる時間は，251.2÷18＝13.9555…(分)　現在地から観覧車までの2分と，観覧車から集合場所までの1分を足すと，15分を超えてしまうため。

《解　説》

1　問題1(1)　百の位，十の位，一の位はそれぞれ1～4の整数だから，その3つの数の和が10となるのは，3つの数の組み合わせが(2，4，4)(3，3，4)となるときである。
　　よって，1等になる3けたの数は，244, 334, 343, 424, 433, 442である。
　　(2)　1投目が4のとき，各位の数の和は最大で4＋4＋4＝12，最小で4＋1＋1＝6なので，2等になるのは各位の数の和が9のとき，3等になるのは各位の数の和が6か12になるときである。
　　2等になるのは，2投目と3投目の和が9－4＝5になるときなので，(2投目，3投目)＝(1，4)(2，3)(3，2)(4，1)の4通りある(414と423と432と441)。
　　3等になるのは，2投目と3投目の和が6－4＝2か12－4＝8になるときなので，(2投目，3投目)＝(1，1)(4，4)の2通りある(411と444)。

問題2　手順②でアの花を受粉させたあとの手順③では，手順①のように両方の花にふくろをかぶせて，めしべにほかのものがつかないようにする。このようにして手順④でアだけに実ができれば，実ができるためには受粉が必要だと言える。

問題3(1)　パイプいす1個を並べるのに必要な横の長さは50cm＝0.5mで，そこからパイプいすを横に1個並べるごとに，必要な横の長さは1＋0.5＝1.5(m)長くなる。観客席のスペースはたて11m，横23mだから，角に1個パイプいすを並べると，あと(23－0.5)÷1.5＝15(個)のパイプいすを横に並べることができる。同様にして，あと(11－0.5)÷1.5＝7(個)のパイプいすをたてに並べることができる。まとめると，横に1＋15＝16(個)，たてに1＋7＝8(個)のパイプいすを並べることができるので，求める個数は，16×8＝128(個)
　　(2)　円柱の体積は，(底面積)×(高さ)で求められる。
底面の半径は，大太鼓が60÷2＝30(cm)，小太鼓が30÷2＝15(cm)である。

よって，体積は，大太鼓が $30 \times 30 \times 3.14 \times 60 = 54000 \times 3.14 (\text{cm}^3)$，小太鼓が $15 \times 15 \times 3.14 \times 30 = 6750 \times 3.14 (\text{cm}^3)$ なので，大太鼓の体積は小太鼓の体積の $\dfrac{54000 \times 3.14}{6750 \times 3.14} = 8$ (倍)である。

問題4　図2において，午後3時の太陽の位置は，正午の太陽の位置から西(右)へ動き，太陽の高度は正午の位置よりも低くなるので，④である。また，午後3時には太陽が南西の空にあり，太陽の高度が正午よりも低くなっているので，かげの向きが北東で，かげの長さは正午よりも長いウである。

2 **問題1(1)**　7月以外の5か月間に，ある牛は平均で1か月に $(469 + 448 + 436 + 442 + 455) \div 5 = 450 (\text{kg})$ のえさを食べるので，1年→12か月では，およそ $450 \times 12 = 5400 (\text{kg})$ のえさを食べる。　　**(2)**　だ液を入れたイの試験管では，ヨウ素液による色の変化がなかったので，だ液によってでんぷんが別の物質に変化したことがわかる。

問題2　クラゲ1ぴきあたりの水のかさは，(全体の水かさ)÷(クラゲの数)で求められる。

問題3(1)　1m→1000mmより，およそ $1000 \div 0.2 = 5000 (\text{年})$ となる。　　**(2)**　炭酸水にとけている気体は二酸化炭素である。二酸化炭素は木などが燃えると発生し，はく息にも多くふくまれている。なお，二酸化炭素は石灰石，卵のから，貝がらなどにうすい塩酸を加えても発生させることができる。

問題4　観覧車の直径から，ゴンドラが一周する長さがわかり，一周にかかる時間もわかる。

現在地から観覧車までの移動時間(2分)と，観覧車から集合場所までの移動時間(1分)も加えて，15分をこえるのかを考えると，解答例のように説明できる。

《解答例》

1. 問題1．(1)90000　(2)原材料に石炭ではなく木炭を使用している。／原材料を輸入ではなく近くで確保している。／原材料の輸送に船ではなく鉄道を利用している。　問題2．(1)ア．×　イ．○　ウ．×　エ．○
(2)あ．②　い．④　う．①　問題3．【長所】…主な原料が鉄スクラップであるため，資源を有効活用できて，環境にやさしい。／高炉の石炭を燃やすことで排出される二酸化炭素が抑えられる。　などから1つ　【短所】…電気料金の変動によって，価格が変動しやすい。／原料である鉄スクラップの価格が高騰している。　などから1つ
問題4．ア，オ

2. 問題1．その場所を境にして，川の水の流れる方向が，太平洋側か日本海側かに分かれる，その境界を示した線。
問題2．(1)ア．面積　イ．時間　(2)稲作のために水が大量に必要な春に，適温よりも低い雪解け水が大量に流れてくるから。　問題3．(1)$\frac{17}{2500}$　(2)1950年ごろから1980年ごろにかけて，日本の水道は一気に普及したことで，その老朽化も同じタイミングで一気に進むため，更新が追い付かなくなっているから。　問題4．水を送るためには様々なところで電力を消費するが，節水することで，必要な電力を減らし，温室効果ガスの大半をしめる二酸化炭素の排出をおさえることができるから。

《解　説》

1. 問題1(1)　現在の人口(約30500人)が1962年の人口の約34％なので，1962年の人口は，$30500 \div \frac{34}{100} = 89705.8\cdots$より，およそ90000人である。

問題2(1)　ア．資料3より，日本がインドネシアから輸入している石炭は$186892 \times 0.175 = 32706.1$(千トン)である。資料6より，インドネシアの総輸出量は454892(千トン)で，日本への輸出量をはるかに上回る量を他国にも輸出していることがわかるので，誤り。　ウ．資料3より，日本がオーストラリアから輸入している石炭は$186892 \times 0.618 = 115499.25$(千トン)である。資料6より，オーストラリアの総輸出量は392934(千トン)で，そのうち日本への輸出量が占める割合は，$115499.25 \div 392934 = 0.29\cdots$より，3割程度なので誤り。

(2)　(あ)は球体のタンクがある②のLNGタンカー，(い)はたくさんのコンテナが積まれている④のコンテナ船，(う)は「こん包せずに」とあるので，①のばら積み船を選ぶ。③は客船なので，どれにもあてはまらない。

問題3　長所…資料9より，電炉による製鉄は，原料がリサイクルされた鉄スクラップであることや，石炭を燃焼させないので，資料12のように，二酸化炭素の排出量が高炉による製鉄に比べて少なくなることを読み取る。短所…資料9より，電炉による製鉄は，鉄スクラップと電気を使うので，資料10のような電気料金の推移や，資料11のような鉄スクラップの価格が製品の価格に影響を与えることを読み取る。

問題4　イ．「4　岩手県産工芸品の利用状況」より，利用する理由の「お土産に向いているから」は「その他」，「不明」以外では最も少ないので誤り。　ウ．「3　南部鉄器のあゆみ」より，「最近はカラフルな色の急須を製作した」とあるので誤り。　エ．海外からの売り上げの割合については読み取れないので誤り。

2. 問題1　東北地方は奥羽山脈が分水界となっている。

問題2(1)　イ．川のかたむきがゆるやかになると，流れる速さも遅くなるので，太陽の光にあたる時間が増える。

(2)　「冬になるとたくさんの雪が降り積もる」とあることから，4月から5月ごろの川の水は雪解け水であり，資

料4・資料5からもわかるように，水の量が増え，稲作に適した 20 度より水温が低いことがわかる。

問題3(1)　$0.68\% = \dfrac{0.68}{100} = \dfrac{0.68 \times 100}{100 \times 100} = \dfrac{68}{10000} = \dfrac{17}{2500}$　　　(2)資料6より，1950 年〜1970 年にかけて急激に水道の普及率が上がっていることがわかる。耐用年数が 40 年とあることから，1990 年〜2010 年頃に更新が必要な水道管が急激に増えることになる。

問題4　資料8より，水を使うことによってさまざまな場面で電力が使われていることを読み取ろう。日本は火力発電の割合が多く，火力発電は，資料9からもわかるように，地球温暖化の原因となる二酸化炭素の排出量が多い。

《解答例》

(例文)

　班での話し合いの問題点は、「私」が、みんなから発言がなかったことを、自分の意見に納得してくれたと思いこんだ点だ。改善点は、自分の発言が相手に伝わっているか、確認をしたり、質問を受けたりしながら正しく伝える努力をすることだと思う。

　コミュニケーション能力が社会の中で重視されている理由は、コミュニケーションを取ることで、人間関係を築き、意思そ通を図ることができるからだと思う。また、適切なコミュニケーションにより、おたがいの理解が深まり、相手との信らい関係を築くことができると思う。

　私は、これからの中学校生活でコミュニケーション能力を高めるために、まず聞く力をつけたいと思う。聞く力をつければ、理解力だけでなく、自分の表現力をのばすことにもなる。それが信らい関係につながり、おたがいの意見を出し合い高め合うことができるようになると思う。

《解答例》

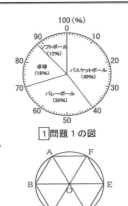

1 問題1．右図　　問題2．(1)75　(2)赤…3　青…5　白…6　　問題3．2，17

問題4．記号…イ　理由…台風の進行方向と風の回転方向が一致する側では特に強い

風が吹くから。／台風の進行方向と風の回転方向が一致する側に銀河中学校があるか

ら。などから1つ

1問題1の図

2 問題1．(1)ウ　(2)①ウ　②イ

問題2．円の中心と正六角形の各頂点を結ぶと，6つの三角形はすべて正三角形なので，

正六角形のまわりの長さは円の直径の長さの3倍と等しい。また，円周の長さは，正六

角形のまわりの長さよりも長い。よって，どんな大きさの円でも，円周の長さは直径の

長さの3倍より長い。　　問題3．イ　　問題4．(1)97

2問題2の図

(2)式…(365×400＋97)÷400〔別解〕(365×303＋366×97)÷400　答え…365.2425

《解　説》

1 **問題1**　バレーボールにしたい人の割合は，全体の60％のうちの50％だから，全体の，$60×\frac{50}{100}=30$(％)

同様に，卓球にしたい人は全体の，$60×\frac{30}{100}=18$(％)，ソフトボールにしたい人は全体の，$60×\frac{20}{100}=12$(％)

問題2(1)　「絵の具と水の合計量」と「水の量」の比は(3＋1)：1＝4：1だから，水の量は，$300×\frac{1}{4}=75$(mL)

(2)　絵の具の量は全部で300－75＝225(mL)だから，赤の絵の具は，$225×\frac{2}{2+3+4}=50$(mL)，青の絵の具は，

$50×\frac{3}{2}=75$(mL)，白の絵の具は，$50×\frac{4}{2}=100$(mL)必要である。よって，最低限必要な本数は，赤が，

50÷18＝2余り14より，3本。青が，75÷18＝4余り3より，5本。白が，100÷18＝5余り10より，6本。

問題3　第1リーグの試合は，A対B，A対C，B対Cの3試合ある。同様にすべてのリーグで3試合ずつ行わ

れるから，予選リーグの試合は3×4＝12(試合)あり，コートの片方の面で12÷2＝6(試合)行われる。決勝ト

ーナメントは，1回戦2試合と3位決定戦と決勝戦の4試合あり，コートの片方の面で4÷2＝2(試合)行われ

る。したがって，試合時間の合計は，5×6＋7×2＝44(分)だから，試合と試合の間として使える時間は，

60－44＝16(分)ある。試合と試合の間は全部で(6＋2)－1＝7(回)あり，$16分÷7=2\frac{2}{7}分=2分(\frac{2}{7}×60)秒=$

$2分17\frac{1}{7}秒$より，1回あたり最大で2分17秒とることができる。

問題4　台風は熱帯低気圧が発達したものであり，北半球では低気圧の中心に向かって時計と反対回りに風が吹き

こむ。台風の進行方向の右側では，台風の進行方向と台風の中心に向かって吹きこむ風の回転方向が一致するため，

特に強い風が吹く。銀河中学校が台風の進行方向の右側となるのは，イの進路を通るときだけである。

2 **問題1(1)**　太陽と月が地球をはさんで反対側にあるということだから，見える月は満月である。　　(2)　地球の直

径は月の直径のおよそ13000÷3500＝3.71…→3.7倍である。ア～エのボールの直径を3.7倍にしたときに，他の

ボール(大玉)の直径に近い値になる組み合わせを考えればよい。よって，6.6×3.7＝24.42(cm)より，月を直径

6.6cmのテニスボールだとすると，地球は直径24.5cmのバスケットボールと考えられる。

問題2　ひなたさんは正方形のまわりの長さを円の直径の4倍と表現したので，正六角形のまわりの長さが円の

直径の何倍かを考える。

問題3　カシオペヤ座は北極星を中心に，24時間で360°動くから，1時間では360÷24＝15(°)動く。よって，2

時間後には時計と反対回りに $15 \times 2 = 30(°)$ 動いたイの位置に見える。

問題4(1) 2001 年から 2400 年の 400 年間に，4 の倍数の年は $400 \div 4 = 100(回)$ あり，100 の倍数の年は $400 \div 100 = 4(回)$ あり，400 の倍数の年は $400 \div 400 = 1(回)$ ある。

したがって，資料の手順 2 でうるう年と判定される年が $100 - 4 = 96(回)$ あり，資料の手順 3 でうるう年と判定される年が 1 回ある。よって，うるう年は全部で，$96 + 1 = 97(回)$

(2) （日数の合計）$\div 400$ を計算すればよい。「日数の合計」は 暦 における日数でよく，問題文の「365.2422 日」を使う必要はない。日数の合計は，365 日の 400 倍にうるう年で追加される 97 日を加える式 $365 \times 400 + 97$，または，365 日の $400 - 97 = 303(倍)$ と 366 日の 97 倍を合計する式 $365 \times 303 + 366 \times 97$，のいずれでもよい(計算結果は等しくなる)。

《解答例》

1 問題1．ア，ウ　　問題2．126　　問題3．(1)電柱を取り除いたり，看板の高さを低くしたりして，富士山がきれいに見えるように工夫している。　　(2)災害…火山のふん火　わけ…避難する場合に，小石や灰が降ってきたり，有毒ガスが発生したりすることがあることについて注意しているから。　　問題4．山が描かれている。／線対称である。／市名の漢字がデザインされている。などから2つ　　問題5．外来種であるノヤギを島に持ちこんだのは人間だから。

2 問題1．(1)42000　(2)ア．○　イ．×　ウ．×　エ．○　　問題2．全国と岩手県では合計人数に大きなちがいがあるから，人数で比べても，年齢別の構成が比べにくい。そこで，全体に対しての割合で比べるために，グラフを帯グラフにする。　　問題3．団体経営は，人をやとったり，高価な高性能の大型機械を使用したりすることで，広大な面積を効率的に作業することができ，収穫量や利益が多くなるから。　　問題4．(1)ア，オ　(2)散布が必要な場所にだけ直接散布するので，農薬の使用量が少なくてすむ。

《解　説》

1 問題1　アとウが正しい。資料2より，縄文時代にクリ・トチノキ・クルミなどを食べていたこと，大型の動物はみられなくなったことがわかる。

問題2　169㎢のうちの74.4％だから，$169 \times \frac{74.4}{100} = 125.736$ より，約126㎢である。

問題3(1)　看板の高さが制限されて電柱がなくなった後には，見晴らしが良くなり，富士山が見えやすくなっている。

(2)　火山のふん火による軽石から頭を守るためにヘルメット，火山灰や有毒ガスを吸い込まないためにマスクやゴーグルをつけていることがわかる。

問題4　富士吉田市の市章は，中央に富士山，吉の字で円が描かれている。八幡平市の市章は，中央に岩手山，八の字で青空が描かれている。中央線で折ると，左右の図形がぴったりと重なるので，線対称である。

2 問題1(1)　107952－66099＝41853 だから，約 42000 戸。

(2)　ア．資料3を見ると適切だとわかる。　　イ．人口を表す資料はないので，適切かどうかわからない。

ウ．資料2を見ると，専業農家の割合は平成2年よりも平成27年の方が高いことは読みとれるが，その間の年のことは読みとれないので，適切かどうかわからない。　　エ．資料1と資料2から，がい数で計算する。平成27年の兼業農家数はおよそ，$66000 \times \frac{50}{100} = 33000$（戸），平成2年の兼業農家数はおよそ，$110000 \times \frac{75}{100} = 82500$（戸）だから，適切だとわかる。

問題2 岩手県の人数が少ないために，わかりにくい。帯グラフはうちわけの合計が 100%になっていて，「その他」を除いて割合の大きい順に左から並べる(右図参照)。

問題3 資料７より，田植え機の性能が高くなるにつれて価格も高くなることを読み取り，資料８で，従業員が全国平均の 40 倍ほどの面積を，大型機械を使用して作業していること

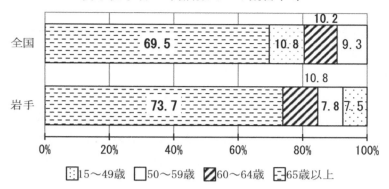

と結びつける。そうすれば，高価な農機具を共同購入・利用することで，効率のよい米づくりが可能となっていることが導ける。

問題4(1) アとオが正しい。(2)①より，作業の自動化で人手を省くことができる。(4)より，10 a あたりのドローンでの農薬散布時間は $(0.95-0.18)×60＝46.2$ (分)短縮できる。　(2) 通常とドローンとで，農薬が散布された面積に大きな違いがあることに注目する。ドローンでは大豆畑の撮影画像から害虫の位置を解析し，その場所だけに農薬を散布するので，必要最低限の使用量ですむ。

《解答例》

（例文）

　間違っても認め合える雰囲気があることで、学習面では、自分の考えに自信がなくても、先生からの質問などに答えやすくなり、授業に活気が生まれます。また、分からないことを授業中に質問しやすくなると思います。

　また、生活面では、多くの人がい縮せずに自分の意見を言えるようになり、他の人の考えを尊重する雰囲気が生まれると思います。たとえば学級会で何かを決める時には、発言する人が増えるとともに、自分の考えと合わない意見について、相手の立場に立って考え直したり、少数意見を結論に反映できないかと考えたりするようになると思います。

　私は、間違っても認め合える雰囲気を作るために、自信がなくても積極的に答え、自分の意見を言っていきたいと思います。これを続けることで、他の人が、自信がなくても発言してみようと思うようになり、そうした発言が増えれば、間違っても認め合える雰囲気が自然に生まれると考えられます。

《解答例》

1 問題1．(1)300　(2)90　　問題2．270　　問題3．イ　　問題4．ウ　　問題5．ふくろの中の二酸化炭素の割合を増やすため。　　問題6．(1)番号…4／2時間ほど日光のあたらない暗い場所におく。　(2)番号…1／植物を植えていないはちを準備する。

2 問題1．68　　問題2．はじめに，びんを氷水が入ったボウルに入れ，びんを冷やす。次に，びんの口を下側に向けて，びんの中に入った卵でびんの口をふさぐ。最後に，びんを逆さにしたままで，びんに60℃のお湯をかけて，びんを外側から温める。　　問題3．48

問題4．右図のように，①の三角形をアとイの2つの三角形に分け，③の四角形を，ウとエの2つの三角形に分ける。ア，イ，ウ，エの三角形は，底辺と高さが等しいので，面積は等しい。だから，①の三角形と③の四角形の面積は等しい。　　問題5．270

《解　説》

1 **問題1(1)**　てこをかたむけるはたらき〔加わる力(g)×支点からのきょり(cm)〕が左右で等しくなるときにつり合う。棒Qで，てこを左にかたむけるはたらきは600×30＝18000だから，台紙Bの重さは18000÷60＝300(g)となる。　**(2)**　台紙Dの重さは台紙Bと同じ300gだから，棒Rを右にかたむけるはたらきは300×40＝12000となり，台紙Cの重さは12000÷30＝400(g)となる。したがって，棒Pで左端にかかる重さは600＋300＝900(g)，右端にかかる重さは400＋300＝700(g)であり，支点からのきょりの比がかかる重さの逆比になるとつり合うので，支点からのきょりの比は左端：右端＝700：900＝7：9となり，$160×\frac{9}{7+9}＝90$(cm)となる。

問題2　台紙の重さは面積に比例する。台紙Aの重さは600g，面積は100×80＝8000(cm²)，台紙Eの面積は40×90＝3600(cm²)だから，台紙Eの重さは$600×\frac{3600}{8000}＝270$(g)となる。

問題3　イ○…②の方が①より支点から作用点までのきょりが短い。①と②で力点に加わる力が同じとき，力点では，問題(1)解説の〔加わる力(g)×支点からのきょり(cm)〕の値も同じになり，作用点では，支点からのきょりが短くなるほど，加わる力が大きくなる。

問題4　ウ○…一昨年8月の電気の使用量から10％増えて110％になり，そこから20％減って80％になると今年8月の電気の使用量になるので，一昨年の電気の使用量の100×1.1×0.8＝88(％)が今年の電気の使用量になる。したがって，今年8月の電気の使用量は，一昨年8月に比べて100−88＝12(％)減ったことになる。

問題5　植物が二酸化炭素をとり入れることを実験で確かめるので，ふくろの中の二酸化炭素を増やすために息をふきこむ。

問題6(1)　下線部Eでは日光の条件だけを変えるので，2時間ほど日光のあたらない暗い場所におく。

(2)　下線部Fでは，植物の条件だけを変えるので，植物を植えていないはちに透明なポリエチレンぶくろをかぶせて，同様の実験を行えばよい。

2 **問題1**　生地の余りが少なくなる分け方を考える。

縦90cmの生地を12cmに分けると，90÷12＝7余り6より，12cmの生地が7個と6cmの余りが出るが，15cmに分けると余ることなく90÷15＝6(個)に分けられる。このとき，型紙をすべて同じ向きで切り分けると，横140cm

の生地は 140÷12＝11 余り 8 より，8cm余る。このときの切り方の様子は，右図Ⅰのようになり(余りの生地は斜線部分)，型紙は全部で 6×11＝66(枚)とることができる。図Ⅰから，さらに生地の余りを減らすような切り方はないか考える。例えば，図Ⅰの色付き部分の型紙の向きを 90°回転させても色付きと斜線部分の長方形の横の長さの和が 12＋8＝20(cm)だから生地におさまり，そのようにすると縦に 7－6＝1(個)多く型紙をとることができる。このとき，斜線部分の幅は 15－12＝3(cm)せまくなるので，8－3＝5(cm)となる。このように型紙を 90°回転させると斜線部分の幅は 3cm せまくなることがわかる。さらに，あと 3cm斜線部分の幅をせまくできるから，図Ⅰの色付き部分の左どなりの一列までは向きを変えられることがわかる(3列目以降は向きを変えると生地におさまらない)ので，型紙は最大で 66＋2＝68(枚)とることができる。また，このときの切り方の様子は，右図Ⅱのようになる(余りの生地は斜線部分)。

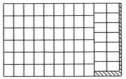

図Ⅰ

図Ⅱ

問題2 びんの中の空気の温度変化によって体積が変化することを利用して，ゆで卵をびんから出し入れする実験である。ゆで卵はびんのふたの役割をする。びんの中のゆで卵を外に出すときは，びんの中の空気が冷えて(体積を小さくして)から，ゆで卵でびんにふたをし，びんの中の空気を温める(体積を大きくする)とゆで卵がおし出される。

問題3 ボール遊びをして過ごした幼児は 12 人で，庭園で遊んだ幼児の $1－\frac{1}{6}－\frac{1}{2}＝\frac{1}{3}$ だから，庭園で遊んだ幼児は $12÷\frac{1}{3}＝36$(人)である。庭園で遊んだ幼児は全体の $\frac{3}{4}$ だから，幼児は全部で $36÷\frac{3}{4}＝48$(人)いる。

問題4 底辺と高さが等しい三角形は面積が等しいことと，高さの等しい三角形の面積の比は底辺の長さの比に等しいことは覚えておこう。

問題5 図3について，右図のように長さを書き込む。このとき，正方形の1辺の長さは $9×\frac{5}{3}＝15$(cm)である。①と②の面積は等しく，②と④の面積も等しい(合同だから)ので，①の面積と④の面積は等しい。①について，底辺を $15×\frac{4}{5}＝12$(cm)の辺とすると，高さが $15÷2＝\frac{15}{2}$(cm)となるから(Aは正方形の中心の点だから)，①の面積は，$12×\frac{15}{2}÷2＝45$(cm²) よって，④の面積も 45 cm²だから，④のケーキの体積は，$45×6＝270$(cm³)

《解答例》

1　問題1．金属は温度の変化によって体積が変わるため，レールのすき間をあけることにより四季の変化にともなう気温の変化によってレールの体積が変化しても調整できるようにするため。　問題2．225　問題3．(1)138.6 (2)北上金ヶ崎ICから釜石中央ICまでは，距離が100.9 kmで料金は2550円に対して，仙台港北ICまでは距離が124.4 kmで料金が9660円となり，釜石港を利用した方が，距離が近く料金も安くすむため。　問題4．近年海水温が上昇してきており，低水温を好む鮭の漁獲高が減ってきているため。

問題5．ア．×　イ．○　ウ．○　エ．×

2　問題1．1157　問題2．番号…1，4，5／レジ袋1年間の使用枚数は1人300枚で，レジ袋1枚あたりの焼却時の二酸化炭素排出量は40 gである。よって，1人が1年間に使うレジ袋をすべて焼却すると二酸化炭素が12 kg排出されることになるが，これはブナの木が1年間に吸収する二酸化炭素の量と同じである。

問題3．ア．×　イ．×　ウ．○　エ．×　問題4．(13の例文)ごみの減量により，ごみの焼却のために発生する二酸化炭素の量が減り，地球温暖化を抑えられるから。　(14の例文)ごみの減量により，プラスチックごみによる海洋汚染を抑えて，海の生物の絶滅を防げるから。　などから1つ　問題5．ア，エ　問題6．(3の例文)うがい，手洗いをしっかりする。　(7の例文)教室の照明をこまめに消灯する。　(14の例文)つめかえのできる水筒を持参する。　などから2つ

《解　説》

適性検査Ⅱ

1　**問題1**　夏に気温が上がり，金属のレールの温度も上がって体積が大きくなってもレールが曲がってしまわないように，レールとレールの間にすき間をあけている。

問題2　1回目が聞こえてから，10回目が聞こえるまで，列車はレール10－1＝9(本)分進んでいる。よって，列車は12秒間でおよそ25×9＝225(m)進んでいる。

問題3(1)　資料3より，大和～釜石中央の距離は201.8 km，大和～一関の距離は63.2 kmだから，一関～釜石中央の距離は，201.8－63.2＝138.6(km)である。

(2)　資料3の表の見方を，父親の発言をもとにしっかりと理解しよう。

問題4　資料5より，2000年代に鮭の水あげ量が減ったことが，養殖が始められた原因だとわかる。また，資料4の「冷水魚である鮭は低水温を好み，高水温に敏感である」に着目し，資料6の実線が上昇傾向であることと関連付ければ，海水温の上昇によって，産卵のために戻ってくる鮭が少なくなってしまったことを導き出せる。

問題5　ア×…地層はふつう下から順にできるので，地層C，地層B，地層Aの順である。　イ○…地層Bでは火山灰が押し固まったものがたい積していたので，この地域に火山活動があったと考えられる。　ウ○…石の角がとれて丸くなるのは，流れる水のはたらきによるものである。　エ×…地層から暖かい地域の植物の化石が見つかったことから，この地層がたい積した当時，この地域は暖かかったと考えられる。

2　**問題1**　1 tあたりの生産する際に発生する二酸化炭素の量は，再生地金の方が新地金よりも9.2－0.3＝8.9(t)少ない。求める二酸化炭素の削減量は，約8.9 t×130万 t＝1157万 tである。

問題2　レジ袋1枚あたりの原油使用量や重さからは二酸化炭素の削減量は分からないので，資料②，③は使用しない。資料①，④より，1人が1年間に使うレジ袋をすべて焼却したときに発生する二酸化炭素の量は，$40 \times 300 = 12000$（g），つまり，12 kgとなる。

問題3　ア．資料1より，ごみ資源化量は年々減らしていく計画になっているので，適切ではない。

イ．資料1，2より，平成29年度の資源化量を326 t多くすると $5436 + 326 = 5762$（t）になり，このときのリサイクル率は $\frac{5762}{36317} \times 100 = 15.86\cdots$ より，約15.9％となる。これはリサイクル率目標より低いので，適切ではない。

ウ．資料1，2より，平成30年度はごみ排出量，資源化量，リサイクル率ともに目標より高い。ごみ排出量は目標より低ければよいので達成しておらず，資源化量とリサイクル率は目標より高ければよいので達成している。よって，適切である。　　エ．資料1，2からは令和元年度のリサイクル率はわからないので，適切ではない。

問題4　13．地球温暖化は，二酸化炭素などの温室効果ガスの大量排出によって地球表面の気温が高くなっていく現象である。地球温暖化が進むと，海面上昇によってツバルなどの島国が水没する恐れがあると言われている。

14．ペットボトルなどのプラスチックごみは自然分解されないため，海に流れ込んだマイクロプラスチックを魚などが食べ，その魚を食べている人間の体にも移行して影響を及ぼす恐れがあると言われている。

問題5　アとエが正しい。アは，2に「化石燃料の代わりに木質バイオマスを利用すれば…二酸化炭素を削減する」とある。エは，3に「木質バイオマスを活用することは……林業・木材産業の活性化…へつながる」とある。

イ．2より，「二酸化炭素を排出しない」ではなく「大気中の二酸化炭素を吸収する」から環境にやさしいといえる。

ウ．1より，「木質バイオマスエネルギーを利用するには…暖房・給湯といった熱利用や発電など」がある。

オ．4より，「冬場には多くの暖房用エネルギーとして化石燃料を消費している」とある。

問題6　3はウイルスなどの感染症を予防すること，7は電気を節約すること，14はペットボトルなどのプラスチックごみを減らすことにつながる行動である。また，目標13を達成するために，通学の手段として，自転車や交通機関を使って，自動車による二酸化炭素の排出量を抑えるといった行動も心がけよう。

一関第一高等学校附属中学校　2021 令和3年度　作文

《解答例》

1　（例文）

調査の結果から、「そう思う」または「どちらかといえばそう思う」と答えた日本の若者の割合が、諸外国の若者の中で最も低いことがわかる。

児童会からアンケートが配られることがある。決められた答えの中から選ぶ質問に答えるのは簡単だが、意見や要望を自由に書くところはめんどうだと感じて、書かないことが多かった。しかし、この調査の結果を見て、主体的に関わろうとしない若者が多い日本は良くなっていかないだろうと心配になった。そして、学校に関することも、自分でしっかり考えなければいけないのだと反省した。

私一人の力ではえいきょうをあたえられないからなどと思わずに、社会のことも、学校のことも、一人一人が自分のこととして考えることが大切だ。だから私は、学校をよりよくするために、意見を求められたら自分でしっかり考えて必ず答えるということを大切にして、中学校生活を送っていきたい。

《解答例》

1 問題1．122　　問題2．ウ　　問題3．73　　問題4．記号…ウ　理由…Aのひもの長さは，（18×3）＋（9×3.14)＝82.26　Bのひもの長さは，（9×2)＋（18×2)＋（9×3.14)＝82.26　となるため等しい。

問題5．(1)2，3，5，7，11，13，17，19　(2)1，5，7，35　(3)36

2 問題1．13，20　　問題2．となり　理由…となりのグループの石のおき方には大きなすき間があり，絶えず空気が入れかわるから。　　問題3．式…20×30×（20−15）　答え…3000　　問題4．ア

問題5．A．120　理由…体積100cm³あたりのじゃがいもの重さは120gであり，100cm³あたりの水の重さである100gより大きいから。　　問題6．イ，カ

《解　説》

1 **問題1**　問題の図2から，発芽率は70%なので，$85÷\frac{70}{100}=121.4…$より，121個より多くの種が入っていれば，85個の種が発芽すると考えられる。よって，袋には全部で122個の種が入っていたと考えられる。

問題2　両方の育苗ポットが発芽したのだから，発芽するために日光が必要とはいえない。2つの育苗ポットの環境のちがいとして読み取れるのは，日光が当たっていたか，いなかったかなので，大きく育つのに日光は必要といえる。よって，ウが正しい。

問題3　182個の育苗ポットが，すべて芽が1つだけ出たとすると，芽の数が255−182＝73(個)足りないので，芽が2つ出た育苗ポットは，73個である。

問題4　右図のようにAとBのひもを直線部分(破線部分)と曲線部分(太線部分)に分けて考えると，Aの直線部分は9×2＝18(cm)の直線が3本，Bの直線部分は9×2＝18(cm)の直線が2本と9cmの直線が2本ある。また，曲線部分は，AとBともに，合わせると直径9cmの円になる。よって，解答例のような理由で求められる。

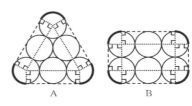
A　　B

問題5(1)　素数とは，1とその数自身のみを約数にもつ整数である。よって，1から20までの素数は，2，3，5，7，11，13，17，19である。

(2)　35＝5×7なので，35の約数は，1，5，7，35である。

(3)　約数の個数は，次のように求めることができる。

12を例とする。12を素数の積で表すと，12＝2×2×3となるので，12の約数は，2が2個と3が1個で表せる積の組み合わせの数だけある。2の使い方は0～2個の3通り，3の使い方は0～1個の2通りだから，12の約数の個数は3×2＝6(個)と計算できる。なお，2を0個と3を0個使う場合の約数は1と考える。

よって，より多くの素数の積で表せる数の方が，約数の個数が多くなる。

1から40までの数で，異なる4種類の素数の積で表せる数はない(2×3×5×7＝210は40より大きいので)。

1から40までの数で，異なる3種類の素数の積で表せる数は，2×3×5＝30だけである(2×3×7＝42は40より大きく，2×3×5×2＝60も40より大きいので)。ァ30の約数の個数は，2，3，5がそれぞれ0～1個の2通りだから，2×2×2＝8(個)ある。

異なる2種類の素数の積の表し方は，より多くの素数の積で表すために，最小の2つの素数である2と3の組み

合わせを考える。1 から 40 までの数で，なるべく多い個数の 2 と 3 の積で表せるのは，2×2×2×3＝24 と 2×2×3×3＝36 である。ィ24 の約数は 4×2＝8（個），ゥ36 の約数は 3×3＝9（個）ある。

1 から 40 までの数で，1 種類の素数の積で表せる数のうち，最多の素数を使うのは，2×2×2×2×2＝32 である。ェ32 の約数は 6 個ある。

ア～エより，約数がもっとも多い数は 36 である。

2 　**問題 1**　桃子さんは 1 分で $30÷20＝\dfrac{3}{2}$（個），一郎さんは 1 分で $30÷15＝2$（個）のじゃがいもの皮をむくことができる。よって，一郎さんは 5 分で 2×5＝10（個）のじゃがいもの皮をむいたので，残りの 30－10＝20（個）のじゃがいもの皮を桃子さんがむいたことになり，これにかかる時間は $20÷\dfrac{3}{2}＝\dfrac{40}{3}＝13\dfrac{1}{3}$（分）なので，求める時間は，$13\dfrac{1}{3}$ 分後＝13 分（$\dfrac{1}{3}×60$）秒後＝13 分 20 秒後である。

問題 2　ものが燃えるには新しい空気（酸素）が必要である。燃えたあとのあたたかい空気は上に移動し，下から新しい空気が流れこんでくるようになれば，たき火はよく燃える。

問題 3　かぼちゃの体積と水の体積の和（図 4）から，水の体積（図 3）を引いて求めると，
20×30×20－20×30×15＝20×30×（20－15）＝600×5＝3000（cm³）となる。

問題 4　メスシリンダーに液体を入れたときのようすは，アやイのように，中央部分がへこんだ形になる。目もりは，中央のへこんだ部分を真横から読みとるので，中央のへこんだ部分が 100 の目もりと重なっているアが正答となる。

問題 5　同じ体積あたりの重さが重いものは下に移動し，軽いものは上に移動する。あたためられた空気が上に移動するのも，周りの空気と比べて同じ体積あたりの重さが軽くなるためである。

問題 6　ア×…太陽と月の位置関係が変わるから，月の形が日によって変わって見える。　イ〇，ウ×…1 日の中では，月の形は変わらない。また，月は太陽と同じように東の地平線からのぼり，南の空で最も高くなり，西の地平線に沈む。　エ×…月は太陽の光を反射することで，光って見える。　オ×，カ〇…図 5 のように，南の空で右半分が光る月を上弦の月という。上弦の月から約 1 週間後には満月になる。満月は午後 6 時ごろに東の地平線からのぼり，午前 0 時ごろに南の空で最も高くなり，午前 6 時ごろに西の地平線に沈む。

《解答例》

1 問題1. 3240　問題2. 4点をつけたお米マイスターが 14 人で，残りの人が全員3点をつけたと考える。3点をつけたお米マイスターは，31−（3＋14）＝14 人。このときの合計は，5×3＋4×14＋3×14＝113 点となる。実際の合計点数 114 点に，1点足りない。よって，4点をつけたお米マイスターが 14 人だと，「香り」の平均が3.7 にならない。　問題3. エ　問題4. 品種改良とは，奥羽 400 号のいもち病にとても強いという長所と北陸 208 号のいもち病に弱いという短所をかけあわせて，いもち病にとても強い品種の「銀河のしずく」を誕生させるなど，2種類以上の品種をかけあわせて，短所を改良していくこと。　問題5. イ　問題6. エ

2 問題1. ア，ウ　問題2. 5225　問題3. ア，イ，エ　問題4. ①少子　②65 歳以上人口の割合　③高れい　問題5. イ，エ

《解　説》

1 問題1　A～Dはすべて価格が異なることと，条件②と④から，高い順にA→C→DかD→C→Aとなり，これらはすべて 200 円差である。高い順にD→C→Aだと，BがAより高くてもCの価格には届かないので，⑤に合わない。したがって，高い順にA→C→Dとわかるから，Aの価格は，2840＋200＋200＝3240（円）である（Bの価格は不明である）。

問題2　合計点が 114 点なので，実際に4点をつけたお米マイスターを 14 人としたときの，考えられる最大の合計点を出し，それが 114 点をこえるかどうかを調べればよい。

問題3　アについて，農業を職業とする人の数（棒グラフの上の数字）は，2015 年より 2000 年の方が多いので正しくない。イについて，農業を職業とする人の数は年々減少し，平均年齢（折れ線グラフ）は年々高くなっているので正しくない。ウについて，65 歳未満の農業を職業とする人の数は，2000 年が 56463 人，2015 年が 23878 人である。よって，2015 年は 2000 年の半分以下だから，50％より多く減っているので，正しくない。エについて，農業を職業とする人の数は，2000 年が 123285 人であり，2030 年の予想が 30523 人なので，$123285 × \frac{1}{4} = 30821.25$より，正しい。よって，正しいのはエである。

問題4　資料3より，「銀河のしずく」が「奥羽 400 号」と「北陸 208 号」をかけあわせて誕生したことを読み取る。そのことを踏まえて資料4を見ると，いもち病に弱いという「北陸 208 号」の短所が，いもち病に強いという「奥羽 400 号」の長所によって改良されるため，これら2種をかけあわせた「銀河のしずく」がいもち病にとても強くなったことがわかる。このような品種改良を重ねたお米は，ブランド米と呼ばれる。

問題5　イ．資料6より，2010 年の日本の平均気温が 1900 年よりも 1.5℃ほど上がっているため，温暖化が進んでいることがわかる。そのことを踏まえて資料5を見ると，生態区Aや生態区Bでは，寒さに強いこと，気温が低くても成長できることを重視して品種改良を行っているため，温暖化によって気温が上昇すると，耐寒性を重視した品種改良は必要がなくなると導ける。

問題6　エ．（①）の直後に「冬の間に稲を育て」とあるから，冬でも温暖な気候の沖縄県と判断する。

2 問題1　アとウが正しい。お母さんが「Suica」と同じ仕組みの「odeca」について，「バスに乗り降りする時にカードを機械にタッチするだけで，料金が支払われる」と言っており，東京でも使われている「Suica」について，「機械にタッチして，利用してみた」と言っている。エの「カードに自動的に入金される」は，お母さんが

「Suica」と同じ仕組みの「odeca」について,「事前にカードにお金を入金(チャージ)する」と言っているため,誤り。

問題２　消費税 10%をふくむ洋服の金額は,$5000\times(1+\dfrac{10}{100})=5500$(円)である。この金額の５％が引かれた金額は,$5500\times(1-\dfrac{5}{100})=5225$(円)である。

問題３　アとイとエを選ぶ。先払いのプリペイドカードには,入金した残高の範囲内で利用するため使いすぎ防止になるという長所と,審査や銀行口座振替の登録がないため他人でも使えてしまうという短所がある。

問題４①　1975 年以降の 14 歳以下人口が減少し続けていることから少子化が進んでいるとわかる。

②・③　未来の 65 歳以上人口が増加し続けていることから高れい化が進んでいくとわかる。日本は 2010 年に超高れい社会(全人口に対する高れい者の割合が 21%をこえる社会)へ突入した。

問題５　資料６に着目すればイとエが正しいと導ける。イはＡ４ポスターでＱＲ決済の統一を知らせており,エは「みちのく Pay」「SMART Pay」などのＱＲコードがＪＰＱＲ「一つでＯＫ」となっている。アは「どこの店でも」が誤り。ＪＰＱＲコードが利用できる店の告知用ステッカーから導ける。ウは「全国どこでも」が誤り。『ＪＰＱＲ』は,全国に先駆けて４県で先行実施」から導ける。オの「WAON」カードは,お父さんが「いろいろあるＱＲコードを一つにした『ＪＰＱＲ』というものが出てきた」と言っており,資料４でＱＲコードの読み取りにスマートフォンをかざしていることから,「ＪＰＱＲ」と無関係と判断する。

《解答例》

1 （例文）

　スマートフォンは、知りたいことをすぐに検さくでき、様々な情報を簡単に手に入れられる点が便利だ。特に台風や地しんなどの災害時には、注意報や状きょうを知ることができるので、とても役に立つと思う。また、家族や友人と連らくをとるのにも便利だ。電話とはちがい、複数の人と同時にやりとりすることができるし、やりとりの記録も残るので、後からふり返ることもできる。

　一方で、友達とのＳＮＳのやり取りでは、すぐに返信がないことで不安になったり、いら立ったりして、いじめにつながることもあるそうだ。常にスマートフォンを見ているようになったら、勉強時間が減る、ね不足になるなど、生活にもえいきょうするだろう。また、知らない人と簡単につながってしまうので、犯罪に巻きこまれる危険もある。知らない人とはやりとりしない、使用する時間を決めるなど、親や友人とも話し合い、ルールを決めて使っていきたい。

■ ご使用にあたってのお願い・ご注意

（1）問題文等の非掲載

著作権上の都合により，問題文や図表などの一部を掲載できない場合があります。

誠に申し訳ございませんが，ご了承くださいますようお願いいたします。

（2）過去問における時事性

過去問題集は，学習指導要領の改訂や社会状況の変化，新たな発見などにより，現在とは異なる表記や解説になっている場合があります。過去問の特性上，出題当時のままで出版していますので，あらかじめご了承ください。

（3）配点

学校等から配点が公表されている場合は，記載しています。公表されていない場合は，記載していません。

独自の予想配点は，出題者の意図と異なる場合があり，お客様が学習するうえで誤った判断をしてしまう恐れがあるため記載していません。

（4）無断複製等の禁止

購入された個人のお客様が，ご家庭でご自身またはご家族の学習のためにコピーをすることは可能ですが，それ以外の目的でコピー，スキャン，転載（ブログ，ＳＮＳなどでの公開を含みます）などをすることは法律により禁止されています。学校や学習塾などで，児童生徒のためにコピーをして使用することも法律により禁止されています。

ご不明な点や，違法な疑いのある行為を確認された場合は，弊社までご連絡ください。

（5）けがに注意

この問題集は針を外して使用します。針を外すときは，けがをしないように注意してください。また，表紙カバーや問題用紙の端で手指を傷つけないように十分注意してください。

（6）正誤

制作には万全を期しておりますが，万が一誤りなどがございましたら，弊社までご連絡ください。

なお，誤りが判明した場合は，弊社ウェブサイトの「ご購入者様のページ」に掲載しておりますので，そちらもご確認ください。

■ お問い合わせ

解答例，解説，印刷，製本など，問題集発行におけるすべての責任は弊社にあります。

ご不明な点がございましたら，弊社ウェブサイトの「お問い合わせ」フォームよりご連絡ください。迅速に対応いたしますが，営業日の都合で回答に数日を要する場合があります。

ご入力いただいたメールアドレス宛に自動返信メールをお送りしています。自動返信メールが届かない場合は，「よくある質問」の「メールの問い合わせに対し返信がありません。」の項目をご確認ください。

また弊社営業日（平日）は，午前９時から午後５時まで，電話でのお問い合わせも受け付けています。

2025 春

株式会社教英出版

〒422-8054　静岡県静岡市駿河区南安倍３丁目 12-28

TEL　054-288-2131　　FAX　054-288-2133

URL　https://kyoei-syuppan.net/

MAIL　siteform@kyoei-syuppan.net

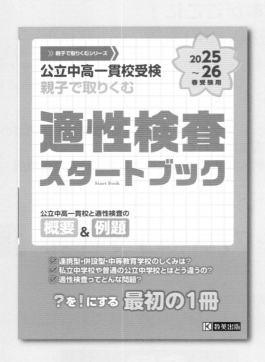

学 校 別 問 題 集

★はカラー問題対応

北 海 道

① [市立] 札幌開成中等教育学校
② 藤 女 子 中 学 校
③ 北 嶺 中 学 校
④ 北 星 学 園 女 子 中 学 校
⑤ 札 幌 大 谷 中 学 校
⑥ 札 幌 光 星 中 学 校
⑦ 立 命 館 慶 祥 中 学 校
⑧ 函 館 ラ・サール中学校

青 森 県

① [県立] 三本木高等学校附属中学校

岩 手 県

① [県立] 一関第一高等学校附属中学校

宮 城 県

① [県立] 宮城県古川黎明中学校
② [県立] 宮城県仙台二華中学校
③ [市立] 仙台青陵中等教育学校
④ 東 北 学 院 中 学 校
⑤ 仙 台 白 百 合 学 園 中 学 校
⑥ 聖ウルスラ学院英智中学校
⑦ 宮 城 学 院 中 学 校
⑧ 秀 光 中 学 校
⑨ 古 川 学 園 中 学 校

秋 田 県

① [県立] 大館国際情報学院中学校／秋田南高等学校中等部／横手清陵学院中学校

山 形 県

① [県立] 東桜学館中学校／致道館中学校

福 島 県

① [県立] 会津学鳳中学校／ふたば未来学園中学校

茨 城 県

① [県立] 日立第一高等学校附属中学校／太田第一高等学校附属中学校／水戸第一高等学校附属中学校／鉾田第一高等学校附属中学校／鹿島高等学校附属中学校／土浦第一高等学校附属中学校／竜ヶ崎第一高等学校附属中学校／下館第一高等学校附属中学校／下妻第一高等学校附属中学校／水海道第一高等学校附属中学校／勝田中等教育学校／並木中等教育学校／古河中等教育学校

栃 木 県

① [県立] 宇都宮東高等学校附属中学校／佐野高等学校附属中学校／矢板東高等学校附属中学校

群 馬 県

① [県立] 中央中等教育学校／[市立] 四ツ葉学園中等教育学校／[市立] 太田中学校

埼 玉 県

① [県立] 伊 奈 学 園 中 学 校
② [市立] 浦 和 中 学 校
③ [市立] 大宮国際中等教育学校
④ [市立] 川口市立高等学校附属中学校

千 葉 県

① [県立] 千 葉 中 学 校／東 葛 飾 中 学 校
② [市立] 稲毛国際中等教育学校

東 京 都

① [国立] 筑波大学附属駒場中学校
② [都立] 白鷗高等学校附属中学校
③ [都立] 桜修館中等教育学校
④ [都立] 小石川中等教育学校
⑤ [都立] 両国高等学校附属中学校
⑥ [都立] 立川国際中等教育学校
⑦ [都立] 武蔵高等学校附属中学校
⑧ [都立] 大泉高等学校附属中学校
⑨ [都立] 富士高等学校附属中学校
⑩ [都立] 三 鷹 中 等 教 育 学 校
⑪ [都立] 南多摩中等教育学校
⑫ [区立] 九 段 中 等 教 育 学 校
⑬ 開 成 中 学 校
⑭ 麻 布 中 学 校
⑮ 桜 蔭 中 学 校
⑯ 女 子 学 院 中 学 校
★⑰ 豊 島 岡 女 子 学 園 中 学 校
⑱ 東京都市大学等々力中学校
⑲ 世 田 谷 学 園 中 学 校
★⑳ 広尾学園中学校（第2回）
★㉑ 広尾学園中学校（医進・サイエンス回）
㉒ 渋谷教育学園渋谷中学校（第1回）
㉓ 渋谷教育学園渋谷中学校（第2回）
㉔ 東京農業大学第一高等学校中等部（2月1日 午後）
㉕ 東京農業大学第一高等学校中等部（2月2日 午後）

④[府立]富田林中学校
⑤[府立]咲くやこの花中学校
⑥[府立]水都国際中学校
⑦清風中学校
⑧高槻中学校（Ａ日程）
⑨高槻中学校（Ｂ日程）
⑩明星中学校
⑪大阪女学院中学校
⑫大谷中学校
⑬四天王寺中学校
⑭帝塚山学院中学校
⑮大阪国際中学校
⑯大阪桐蔭中学校
⑰開明中学校
⑱関西大学第一中学校
⑲近畿大学附属中学校
⑳金蘭千里中学校
㉑金光八尾中学校
㉒清風南海中学校
㉓帝塚山学院泉ヶ丘中学校
㉔同志社香里中学校
㉕初芝立命館中学校
㉖関西大学中等部
㉗大阪星光学院中学校

兵　庫　県
①[国立]神戸大学附属中等教育学校
②[県立]兵庫県立大学附属中学校
③雲雀丘学園中学校
④関西学院中学部
⑤神戸女学院中学部
⑥甲陽学院中学校
⑦甲南中学校
⑧甲南女子中学校
⑨灘中学校
⑩親和中学校
⑪神戸海星女子学院中学校
⑫滝川中学校
⑬啓明学院中学校
⑭三田学園中学校
⑮淳心学院中学校
⑯仁川学院中学校
⑰六甲学院中学校
⑱須磨学園中学校（第1回入試）
⑲須磨学園中学校（第2回入試）
⑳須磨学園中学校（第3回入試）
㉑白陵中学校

㉒夙川中学校

奈　良　県
①[国立]奈良女子大学附属中等教育学校
②[国立]奈良教育大学附属中学校
③[県立]　国際中学校
　　　　　青翔中学校
④[市立]一条高等学校附属中学校
⑤帝塚山中学校
⑥東大寺学園中学校
⑦奈良学園中学校
⑧西大和学園中学校

和　歌　山　県
①[県立]　古佐田丘中学校
　　　　　向陽中学校
　　　　　桐蔭中学校
　　　　　日高高等学校附属中学校
　　　　　田辺中学校
②智辯学園和歌山中学校
③近畿大学附属和歌山中学校
④開智中学校

岡　山　県
①[県立]岡山操山中学校
②[県立]倉敷天城中学校
③[県立]岡山大安寺中等教育学校
④[県立]津山中学校
⑤岡山中学校
⑥清心中学校
⑦岡山白陵中学校
⑧金光学園中学校
⑨就実中学校
⑩岡山理科大学附属中学校
⑪山陽学園中学校

広　島　県
①[国立]広島大学附属中学校
②[国立]広島大学附属福山中学校
③[県立]広島中学校
④[県立]三次中学校
⑤[県立]広島叡智学園中学校
⑥[市立]広島中等教育学校
⑦[市立]福山中学校
⑧広島学院中学校
⑨広島女学院中学校
⑩修道中学校

⑪崇徳中学校
⑫比治山女子中学校
⑬福山暁の星女子中学校
⑭安田女子中学校
⑮広島なぎさ中学校
⑯広島城北中学校
⑰近畿大学附属広島中学校福山校
⑱盈進中学校
⑲如水館中学校
⑳ノートルダム清心中学校
㉑銀河学院中学校
㉒近畿大学附属広島中学校東広島校
㉓ＡＩＣＪ中学
㉔広島国際学院中学校
㉕広島修道大学ひろしま協創中学校

山　口　県
①[県立]　下関中等教育学校
　　　　　高森みどり中学校
②野田学園中学校

徳　島　県
①[県立]　富岡東中学校
　　　　　川島中学校
　　　　　城ノ内中等教育学校
②徳島文理中学校

香　川　県
①大手前丸亀中学校
②香川誠陵中学校

愛　媛　県
①[県立]　今治東中等教育学校
　　　　　松山西中等教育学校
②愛光中学校
③済美平成中等教育学校
④新田青雲中等教育学校

高　知　県
①[県立]　安芸中学校
　　　　　高知国際中学校
　　　　　中村中学校

福 岡 県

① [国立] 福岡教育大学附属中学校
（福岡・小倉・久留米）

② [県立] 育 徳 館 中 学 校
門 司 学 園 中 学 校
宗 像 中 学 校
嘉穂高等学校附属中学校
輝翔館中等教育学校

③ 西 南 学 院 中 学 校
④ 上 智 福 岡 中 学 校
⑤ 福 岡 女 学 院 中 学 校
⑥ 福 岡 雙 葉 中 学 校
⑦ 照 曜 館 中 学 校
⑧ 筑 紫 女 学 園 中 学 校
⑨ 敬 愛 中 学 校
⑩ 久 留 米 大 学 附 設 中 学 校
⑪ 飯 塚 日 新 館 中 学 校
⑫ 明 治 学 園 中 学 校
⑬ 小 倉 日 新 館 中 学 校
⑭ 久 留 米 信 愛 中 学 校
⑮ 中 村 学 園 女 子 中 学 校
⑯ 福岡大学附属大濠中学校
⑰ 筑 陽 学 園 中 学 校
⑱ 九州国際大学付属中学校
⑲ 博 多 女 子 中 学 校
⑳ 東 福 岡 自 彊 館 中 学 校
㉑ 八 女 学 院 中 学 校

佐 賀 県

① [県立] 香 楠 中 学 校
致 遠 館 中 学 校
唐 津 東 中 学 校
武 雄 青 陵 中 学 校

② 弘 学 館 中 学 校
③ 東 明 館 中 学 校
④ 佐 賀 清 和 中 学 校
⑤ 成 穎 中 学 校
⑥ 早 稲 田 佐 賀 中 学 校

長 崎 県

① [県立] 長 崎 東 中 学 校
佐 世 保 北 中 学 校
諫早高等学校附属中学校

② 青 雲 中 学 校
③ 長 崎 南 山 中 学 校
④ 長 崎 日 本 大 学 中 学 校
⑤ 海 星 中 学 校

熊 本 県

① [県立] 玉名高等学校附属中学校
宇 土 中 学 校
八 代 中 学 校

② 真 和 中 学 校
③ 九 州 学 院 中 学 校
④ ル ー テ ル 学 院 中 学 校
⑤ 熊 本 信 愛 女 学 院 中 学 校
⑥ 熊 本 マ リ ス ト 学 園 中 学 校
⑦ 熊 本 学 園 大 学 付 属 中 学 校

大 分 県

① [県立] 大 分 豊 府 中 学 校
② 岩 田 中 学 校

宮 崎 県

① [県立] 五 ヶ 瀬 中 等 教 育 学 校
② [県立] 宮崎西高等学校附属中学校
都城泉ヶ丘高等学校附属中学校
③ 宮 崎 日 本 大 学 中 学 校
④ 日 向 学 院 中 学 校
⑤ 宮 崎 第 一 中 学 校

鹿 児 島 県

① [県立] 楠 隼 中 学 校
② [市立] 鹿 児 島 玉 龍 中 学 校
③ 鹿 児 島 修 学 館 中 学 校
④ ラ ・ サ ー ル 中 学 校
⑤ 志 學 館 中 等 部

沖 縄 県

① [県立] 与 勝 緑 が 丘 中 学 校
開 邦 中 学 校
球 陽 中 学 校
名護高等学校附属桜中学校

もっと過去問シリーズ

北 海 道
北嶺中学校
7年分（算数・理科・社会）

静 岡 県
静岡大学教育学部附属中学校
（静岡・島田・浜松）
10年分（算数）

愛 知 県
愛知淑徳中学校
7年分（算数・理科・社会）
東海中学校
7年分（算数・理科・社会）
南山中学校男子部
7年分（算数・理科・社会）

南山中学校女子部
7年分（算数・理科・社会）
滝中学校
7年分（算数・理科・社会）
名古屋中学校
7年分（算数・理科・社会）

岡 山 県
岡山白陵中学校
7年分（算数・理科）

広 島 県
広島大学附属中学校
7年分（算数・理科・社会）
広島大学附属福山中学校
7年分（算数・理科・社会）
広島学院中学校
7年分（算数・理科・社会）
広島女学院中学校
7年分（算数・理科・社会）
修道中学校
7年分（算数・理科・社会）
ノートルダム清心中学校
7年分（算数・理科・社会）

愛 媛 県
愛光中学校
7年分（算数・理科・社会）

福 岡 県
福岡教育大学附属中学校
（福岡・小倉・久留米）
7年分（算数・理科・社会）
西南学院中学校
7年分（算数・理科・社会）
久留米大学附設中学校
7年分（算数・理科・社会）
福岡大学附属大濠中学校
7年分（算数・理科・社会）

佐 賀 県
早稲田佐賀中学校
7年分（算数・理科・社会）

長 崎 県
青雲中学校
7年分（算数・理科・社会）

鹿 児 島 県
ラ・サール中学校
7年分（算数・理科・社会）

※もっと過去問シリーズは
　国語の収録はありません。

Ｋ 教英出版

〒422-8054
静岡県静岡市駿河区南安倍3丁目12-28
TEL 054-288-2131
FAX 054-288-2133
詳しくは教英出版で検索

教英出版　　検索

URL https://kyoei-syuppan.net/

令和６年度

岩手県立一関第一高等学校附属中学校入学者選抜
本検査「適性検査Ⅰ」

問題用紙

【９：３０ ～ １０：０５】（35分）

（注意）

1　先生の指示があるまで，この問題用紙を開いてはいけません。

2　問題用紙と解答用紙はそれぞれ１部ずつあります。

3　問題は 1 から 2 までで，全部で14ページです。

4　答えは，すべて解答用紙に書いてください。ただし，解答用紙の　※　印のところには，何も書いてはいけません。

5　答えは，数・式・図・言葉などで書くようになっています。問題をよく読んで，定められたとおりに書いてください。

6　計算などは，問題用紙の空いているところを使ってください。

7　印刷がはっきりしないときや筆記用具を落としたときなどは，だまって手をあげてください。

8　答えは，濃くはっきり書いてください。また，消すときは，消しゴムできれいに消してください。はっきりしない答えの場合，誤りになることもあります。

9　問題などは，声に出して読んではいけません。

10　時間内に終わっても，そのまま着席していてください。

11　「やめなさい」の指示があったら，すぐに解答するのをやめて，解答用紙を机の中央に置いてください。

受検番号

① 大阪・関西万博の開催

かすみさんとゆたかさんは，2025年に開催が予定されている大阪・関西万博 (※) について紹介する新聞記事を見て，次のような会話をしました。

> かすみ：日本で万博が開催されるんだね。ぜひ行ってみたいな。
> ゆたか：開催場所は，大阪湾につくられた「夢洲（ゆめしま）」という人工島なんだね。
> かすみ：図1の会場全体図で，大きな円がみえるのは何だろう。
> ゆたか：「大屋根」とよばれる会場のシンボルで，世界最大級の木造建築物となるそうだよ。
> かすみ：屋根の一部が海に出ているのもすごいね。
> ゆたか：図2の会場配置図で，この屋根に囲まれた敷地を円としてみたとき，円の中心はどこだろう。
> かすみ：どうして中心を知りたいのかな。
> ゆたか：中心がわかれば，図2を使って，海の部分（A）と陸の部分（B）の面積を調べられると思うからさ。
> かすみ：なるほど，円の中心を簡単にみつける方法があるよ。まず，図2を厚紙にコピーして，この円をはさみで切り出してみよう。

※「万博」は「万国博覧会」の略で，人間の活動に必要なものの実現に向け，進歩してきたことや，将来の見通しを示すためのイベントのこと。

図1【万博の会場全体図】

大屋根

図2【万博の会場配置図】

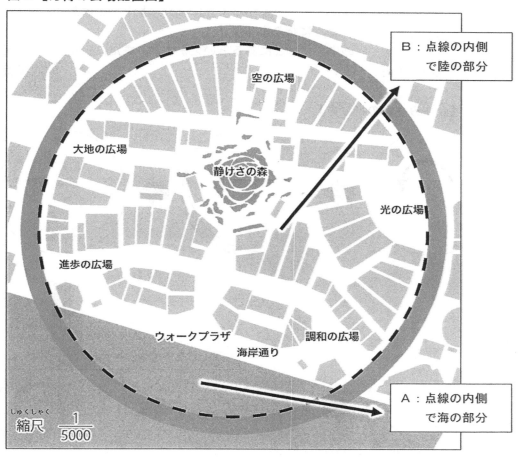

B：点線の内側
で陸の部分

空の広場

大地の広場

静けさの森

光の広場

進歩の広場

ウォークプラザ

調和の広場

海岸通り

A：点線の内側
で海の部分

縮尺 $\dfrac{1}{5000}$

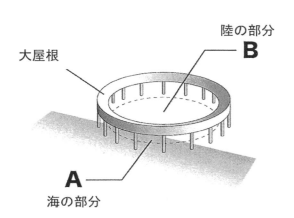

大屋根

陸の部分
B

A

海の部分

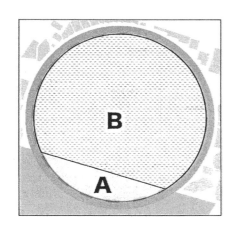

B

A

問題1　　かすみさんは，**図2**を厚紙にコピーし，点線にそってはさみで切り出した
　　　　　円を，**図3**のようにきちんと重なるように2つに折り，広げた後，向きを変
　　　　　えてもう一度同じように折りました。
　　　　　　このとき，円の中心はどこにあるといえますか。また，そのようにいえる
　　　　　理由を説明しなさい。　　　　　　　　　　　　　　　　　　　　　　　（10点）

図3【かすみさんの折り方】

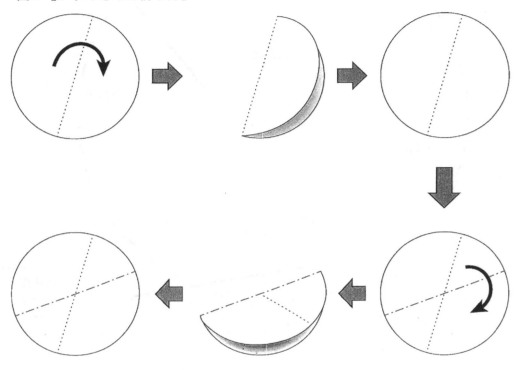

かすみさんとゆたかさんは，次のような会話をしました。

> ゆたか：円の中心をみつけることができたね。
> かすみ：厚紙の円の半径を計ってみると，6cmだね。**図2**の縮尺は5000分の1
> であることがわかっているから，大屋根に囲まれた敷地の円の半径と
> 面積を計算で求めることができるね。
> ゆたか：では，海の部分（**A**）の面積はどうなるかな。
> かすみ：海の部分（**A**）は円の一部だけど，こんな図形の面積の求め方は学習
> していないよ。
> ゆたか：重さで考えたらどうかな。**図4**のように考えると，重さは面積に比例
> することがわかるよね。このことを使って調べてみようよ。
> かすみ：なるほどね。同じ厚紙なら，面積が2倍，3倍，・・・になると，重さ
> も2倍，3倍，・・・になるから，重さは面積に比例するといえるね。
> ゆたか：では，厚紙の円を，海の部分（**A**）と陸の部分（**B**）に切り分けて，
> それぞれの重さを量ってみよう。

図4【面積と重さの関係】

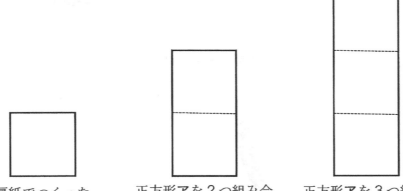

厚紙でつくった
正方形**ア**

正方形**ア**を2つ組み合
わせた長方形の面積は
正方形**ア**の2倍，重さ
も2倍になる。

正方形**ア**を3つ組み合
わせた長方形の面積は
正方形**ア**の3倍，重さ
も3倍になる。

厚紙の円を，海の部分（Ａ）と陸の部分（Ｂ）に切り分けて，それぞれの重さを電子ばかりで量ってみたところ，**図5**のように，海の部分（Ａ）の重さは0.75ｇ，陸の部分（Ｂ）の重さは5.25ｇでした。

図5【重さを量っている様子】

①厚紙の円を，海の部分（Ａ）と陸の部分（Ｂ）に切り分ける。

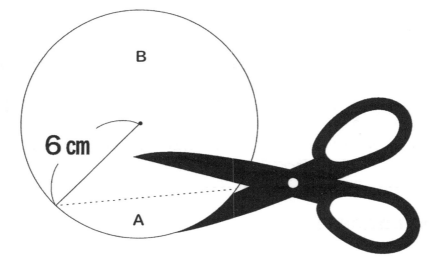

②電子ばかりで，海の部分（Ａ）と陸の部分（Ｂ）のそれぞれの重さを量る。

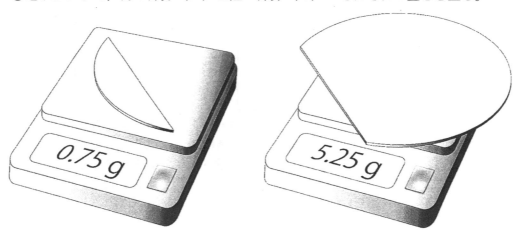

問題2　　次の（1），（2），（3）の問いに答えなさい。

（1）　厚紙の円を切り分けたとき，海の部分（A）と陸の部分（B）の重さの比は
0.75：5.25　と表せます。
　　　この比を最も簡単な整数で表しなさい。　　　　　　　　　　　　（7点）

（2）　厚紙の円の半径は6cmで，縮尺は5000分の1です。
　　　大屋根に囲まれた敷地の円の半径は何mであると考えられますか。計算して
求めなさい。　　　　　　　　　　　　　　　　　　　　　　　　　（7点）

（3）　海の部分（A）の面積は何m²であると考えられますか。計算して求めなさい。
　　　ただし，円周率は3.14とします。　　　　　　　　　　　　　（8点）

かすみさんとゆたかさんは，万博のテーマについて，次のような会話をしました。

かすみ：万博のテーマは，「いのち 輝_{かがや}く未来社会のデザイン」なんだね。
ゆたか：「いのち」といえば，５年生の理科で，受けつがれる命について学んだね。
かすみ：この万博をきっかけにして，私たちも生命の大切さについて改めて考えてみたいね。

問題３　下の図６は，ヒトとメダカの命を受けつぐしくみを図で表したものです。図から読み取れる【ヒト】と【メダカ】の命を受けつぐしくみの共通点は何ですか。また，ちがいは何ですか。共通点とちがいをそれぞれ説明しなさい。
(10点)

図６【命を受けつぐしくみ】

【ヒト】　　　　　　　　　　　　　　　　　【メダカ】

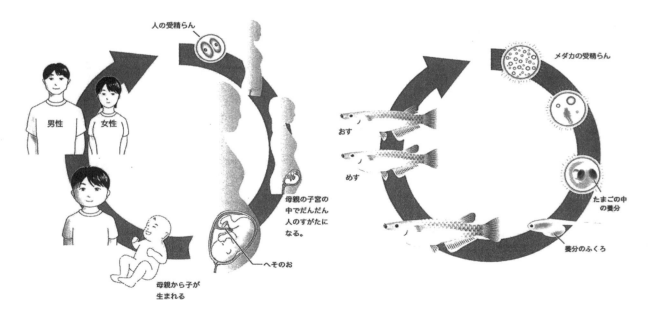

令和6年度

岩手県立一関第一高等学校附属中学校入学者選抜
本検査「適性検査Ⅱ」

問題用紙

【10：30 ～ 11：05】（35分）

（注意）

1　先生の指示があるまで，この問題用紙を開いてはいけません。

2　問題用紙と解答用紙はそれぞれ1部ずつあります。

3　問題は 1 から 3 までで，全部で17ページです。

4　答えは，すべて解答用紙に書いてください。ただし，解答用紙の ※
　印のところには，何も書いてはいけません。

5　答えは，数・式・図・言葉などで書くようになっています。問題を
　よく読んで，定められたとおりに書いてください。

6　計算などは，問題用紙の空いているところを使ってください。

7　印刷がはっきりしないときや筆記用具を落としたときなどは，だま
　って手をあげてください。

8　答えは，濃くはっきり書いて下さい。また，消すときは，消しゴム
　できれいに消してください。はっきりしない答えの場合，誤りになる
　こともあります。

9　問題などは，声に出して読んではいけません。

10　時間内に終わっても，そのまま着席していてください。

11　「やめなさい」の指示があったら，すぐに解答するのをやめて，解
　答用紙を机の中央に置いてください。

受検番号

1 酪農と乳業

　保健委員のひろしさんとみゆきさんは，３月の保健委員会に参加し，次のような会話をしました。

ひろし：もうすぐ春休みだね。

みゆき：テレビで，学校の給食がない期間に，牛乳の消費量が減って生産者がこまっているというニュースを見たことがあるよ。

ひろし：牛乳は健康によいと言われているのにね。

みゆき：「保健委員会だより」に，「春休み中，家で牛乳を飲もう」というよびかけの記事をのせてはどうかな。

ひろし：それはいいね。記事を書くために，もう少し調べてみることにしよう。

　２人はインターネットで牛乳について調べ，次のア〜エのグラフを見つけました。

ア　都道府県別生乳（※）生産量（2021年度）

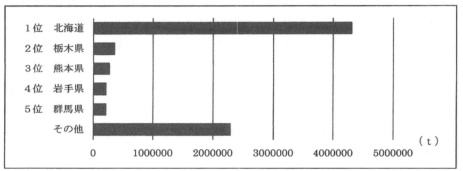

（農林水産省　「牛乳乳製品統計調査（2021年，2022年）」より作成）

※生乳とは，牛からしぼったまま加工していない乳のことで，
牛乳はそれに加熱して殺きんするなどの処理を加えたもの。

イ　月別の１日当たりの生乳生産量（2021年度）

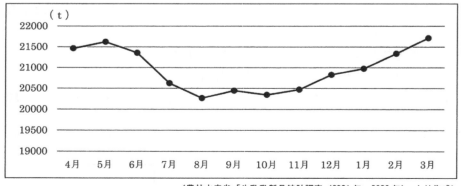

（農林水産省「牛乳乳製品統計調査（2021年，2022年）」より作成）

2024(R6) 一関第一高附属中

K教英出版

－ 1 －

ウ　生乳成分量 (※)（2021 年度）

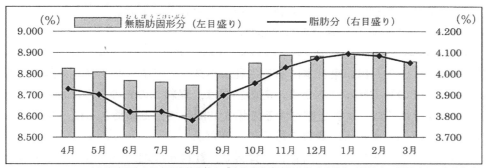

（公益財団法人日本乳業技術協会「全国集乳路線別生乳成分調査（2021 年, 2022 年）」より作成）

※生乳から水分を除いた栄養成分を「乳固形分」と言い，乳固形分は「脂肪分」と「無脂肪固形分（タンパク質，炭水化物，カルシウム，ビタミン類など）」に分けられる。

エ　生乳の用途別消費量（2021 年度）

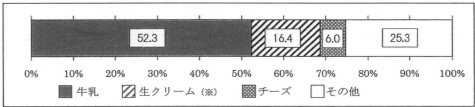

（農林水産省「牛乳乳製品統計調査（2021 年, 2022 年）」より作成）

※生クリームにはアイスクリームやバターなどの原料となる濃縮乳（生乳から水分をある程度のぞいたもの）等を含む。

　２人は調べたことをもとに，次のような会話をしました。

みゆき：乳牛は乳をしぼらないと病気になってしまうから，消費量が少なくなるとわかっていても，生産量を調整することはむずかしいそうだよ。

ひろし：ぼくは，乳牛が暑さに弱く，時期によってしぼれる生乳の量や，生乳にふくまれる成分が変わるということにおどろいたな。

みゆき：「保健委員会だより」の記事を書くとき，これらのグラフを使うと，わたしたちの考えが読んだ人に伝わりやすいんじゃないかな。

ひろし：スペースが限られているから，使うグラフは２つにしよう。

みゆき：みんなに A春休み中に牛乳を飲もうと思ってもらえる記事にしたいね。

問題 1　　下線部 A「春休み中に牛乳を飲もうと思ってもらえる記事にしたい」について，あなたならどのグラフを使って記事を書きますか。ア〜エの中から２つ選び，その記号を書きなさい。

　　　　また，それらのグラフをもとに伝えたいことを説明しなさい。

　　　　なお，記事の内容をすべて書く必要はありません。　　　　　　（15 点）

ひろしさんとみゆきさんは，生乳がいろいろな食品に加工されていることに興味を
もち，春休みを利用してさらに調べてみることにしました。
　２人は，次のような会話をしました。

みゆき：わたしは，東日本にある牛乳，バター，アイスクリームを製造する工場
　　　　の数を調べてみたよ。その結果は，**資料１**の表のようになったよ。

ひろし：ぼくは，牛乳を製造する工場を訪問して，工場長さんにインタビューを
　　　　してきたよ。**資料２**はその一部だよ。

みゆき：インタビューの内容と，**資料３**，**資料４**の地図をみると，どんなところ
　　　　に工場をつくるかということがよく考えられているね。

資料１【東日本における牛乳，バター，アイスクリームの工場数】

地域名＼食品名	ア	イ	ウ
北海道	51	29	4
東　北	50	6	17
関　東	60	11	26

（農林水産省「牛乳乳製品統計調査（2018年）」より作成）

資料２【牛乳の製造工場の工場長へのインタビューの一部】

ひろし：牛乳を製造する工場は，どんな所に立地するんですか？

工場長：牛乳の場合，牧場から工場まで運ぶ時に冷蔵を必要とします。そして，
　　　　工場から消費地まで運ぶ時も冷蔵を必要とします。だから，輸送にかか
　　　　る費用は加工前後であまり変わりません。それでも，新鮮なうちに加工
　　　　した方がよいため，牧場の近くに立地することが多いです。

ひろし：なるほど。では，バターやアイスクリームの場合はどうですか？

工場長：バターは製品に加工してから消費地に運ぶほうが費用がかかりません。

ひろし：ということは，アイスクリームも同じですか？

工場長：いや，アイスクリームは冷凍する必要があります。アイスクリームをと
　　　　かさずに運ぶためには冷蔵より費用がかかるのです。

資料３【生乳生産量の上位５都道府県】　　　資料４【人口の上位５都道府県】

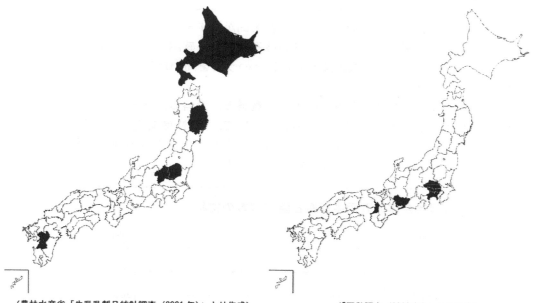

（農林水産省「牛乳乳製品統計調査（2021年）」より作成）　　　（「国勢調査（2020年）」より作成）

問題２　　資料１の表の食品名の**ア〜ウ**には，牛乳，バター，アイスクリームのいずれかが当てはまります。
　　　　　資料２，資料３，資料４をもとに，牛乳，バター，アイスクリームに当てはまるものを**ア〜ウ**から１つずつ選び，その記号を書きなさい。

(7点)

ひろしさんとみゆきさんは，次のような会話をしました。

> ひろし：生乳について調べてみて，乳製品がますます好きになったよ。
> みゆき：酪農家や，乳業にたずさわるみなさんに感謝しないとね。
> ひろし：最近，農家の数が減っているという話を聞いたことがあるけど，酪農家はどうなんだろう。
> みゆき：わたしが調べた資料の中に，**資料５**，**資料６**があるよ。
> ひろし：そういえば，ぼくが訪問した工場で，「６次産業化」ということばを教えてもらったよ。農家のみなさん自身が様々な産業に関わることで，収入を増やしていく取組だそうだよ。

資料５【日本全体の乳用牛頭数と酪農家数の推移】

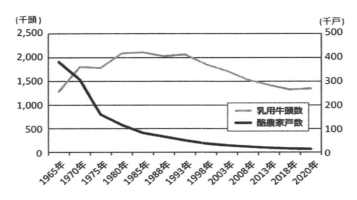

（日本乳業協会ホームページより）

資料６【岩手県における乳用牛の飼育頭数別酪農家の戸数】

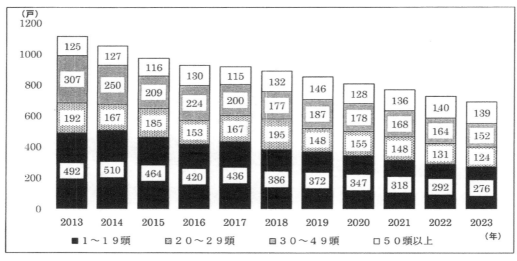

（令和５年度版「いわての畜産」より）

問題3　　次の（1）～（3）の問いに答えなさい。

（1）　次のア～エについて，**資料5**，**資料6**から読み取れることや考えられること
　　　として正しいものには〇を，誤っているものには×を書きなさい。

（8点）

　　ア　日本全体では，酪農家の戸数は50年あまりの間で10分の1以下に減少し
　　　ている。

　　イ　日本全体では，酪農家の一戸当たりで飼育する乳用牛の数は，2020年より
　　　も1965年の方が多い。

　　ウ　岩手県では，酪農家の戸数は，ここ10年あまりの間で2分の1以下に減少
　　　している。

　　エ　岩手県では，10年前と比べて，県全体の酪農家のうち，50頭以上を飼育す
　　　る大規模な酪農家がしめる割合が低下している。

（2）　岩手県をふくめ，日本全国では酪農をふくむ様々な分野で「６次産業化」の取組が広がっています。**資料10**はその例をまとめたものです。

　　　この例を参考にして，**資料11**のイメージ図の空らん　①　と　②　に当てはまることばを，それぞれ漢字２字で書きなさい。　　　　　（４点）

資料10【６次産業化の取組の例】

・酪農家が，自らの農場でとった生乳からチーズをつくり，道の駅で販売[はんばい]する。

・野菜農家が，自らの農場の野菜を使うレストランを開業し，営業する。

・カキを養しょくしている漁業者が，カキのエキスを使ったしょう油をつくり，直売所で販売する。

資料11【６次産業化のイメージ図】

（いばらき食と農のポータルサイトより）

（3）　６次産業化について，「林業」の分野では，どのような取組が考えられますか。**資料10**と**資料11**をもとに，木を育てた人がどのようなことをするのか，その具体例を考えて書きなさい。　　　　　（６点）

2 岩手県政150周年

　岩手県は，明治5年1月8日に「盛岡県」から「岩手県」に改称されてから，令和4年1月で150周年をむかえました。岩手県政150周年をきっかけに，岩手の歴史について調べようと思ったはるさんとたけおさんは，インターネットで下の写真をみつけ，次のような会話をしました。

（水沢県庁記念館ホームページより）

> は　る：あの部分をみて。
> たけお：表札の文字に昔の漢字が使われているね。何て書いてあるんだろう。
> は　る：今の漢字に直すと「水沢県庁記念館」と書いてあるのかな。でも，
> 　　　　ここは現在の宮城県登米市にあるみたいだよ。
> たけお：「水沢」といえば岩手県の地名だよね。どうして宮城県にあるのだろう。

　水沢県庁に興味をもったはるさんとたけおさんは，さらにくわしく調べ，登米市の歴史について書かれた**資料1**，岩手の成り立ちについて示した**資料2**，現在の岩手県と登米市の様子を示した**資料3**をみつけました。

資料1【現在の宮城県登米市の歴史】

	できごと	その時，登米市は何県か
明治元年		涌谷県 （わくや）
明治2年 8月	「涌谷県」を「登米県（とよまけん）」へ改称	登米県
明治3年 9月		登米県
明治4年11月	「登米県」を「一関県」へ改称	一関県
明治4年12月	「一関県」を「水沢県」へ改称	水沢県
明治5年 2月	旧仙台藩を中心とした「仙台県」から「宮城県」へ改称	水沢県
明治5年 7月	水沢県庁舎完成	水沢県
明治8年11月	「水沢県」を「磐井県」へ改称	磐井県
明治9年 4月	現在の県境が定まる	宮城県

（宮城県登米市ホームページより作成）

資料2【現在の岩手県ができるまでのあゆみ】

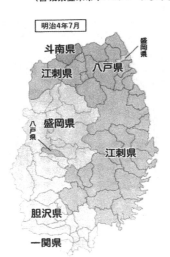

（岩手県政150周年記念ウェブサイトより）

【適

令和六年度

岩手県立一関第一高等学校附属中学校入学者選抜

本検査「適性検査Ⅲ（作文）」

問題用紙

【十一時三十分～十二時〇〇分】（三十分）

（注意）

一　先生の指示があるまで、この問題用紙を開いてはいけません。

二　問題用紙と解答用紙はそれぞれ一部ずつあります。

三　解答用紙の※印のところには、何も書いてはいけません。

四　印刷がはっきりしないときや筆記用具を落としたときなどは、だまって手を
　　あげてください。

五　答えは、濃くはっきり書いてください。また、消すときは、消しゴムできれい
　　に消してください。はっきりしない答えの場合、誤りになることもあります。

六　問題などは、声に出して読んではいけません。

七　時間内に終わっても、そのまま着席していてください。

八　「やめなさい」の指示があったら、すぐに解答するのをやめて、解答用紙を
　　机の中央に置いてください。

※本検査「適性検査Ⅲ」は作文と放送を聞いて答える問題で合計六十点満点

※本検査「適性検査Ⅲ（放送を聞いて答える問題）」は非公表

受　検　番　号

1 次の資料を読み、あとの問題に答えなさい。

中学生の不読率について、データをもとに銀河中学校の図書委員が話し合いをしています。

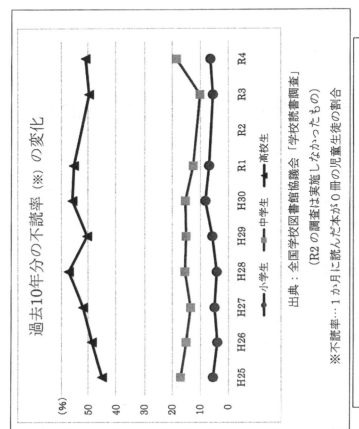

過去10年分の不読率（※）の変化

（%）
50
40
30
20
10
0

H25 H26 H27 H28 H29 H30 R1 R2 R3 R4

―●― 小学生　―■― 中学生　―▲― 高校生

出典：全国学校図書館協議会「学校読書調査」
（R2の調査は実施しなかったもの）

※不読率…1か月に読んだ本が0冊の児童生徒の割合

〈図書委員会の話し合いの様子〉

A：小学生から中学生、中学生から高校生と学年が上がると、本を読まなくなるね。

B：小学生の時は、読書をする時間が決められていたし、休み時間などによく図書館に行っていたなあ。

C：高校生が本を読まない理由には「他の活動等で時間がなかったから」「他にしたいことがあったから」「普段から本を読まないから」「読むのが面倒だから」ということがあるようだよ。

D：中学生のうちに、読書のおもしろさを感じたり、読書の習慣を身に付けたりできるといいね。そのための活動を考えてみよう。

この話し合いを受けて、EさんとFさんが考えたアイディアです。

【Eさん】「お気に入りの本紹介リレー」
　学級の中で自分がお気に入りの本を友達に紹介する。紹介してもらった本を読み、また次の友達に紹介して読んでもらう。

【Fさん】「読書時間貯金」
　一人一人が、休み時間や家庭での一週間分の読書時間を合計する。次の週も読書時間を合計し、前の週を五分以上上回ったら表彰する。四週間続ける。

●体育祭

間帯	校庭	体育館
明		1 － 1
休み		3 － 1
明		1 － 2
休み	【会場準備】 【会場準備】	2 － 2
明		2 － 1
休み		3 － 2

※ /16

※ /10

回 ※ /8

※ /16

※ /50

受検番号

氏　名

得　　　点
※

※100点満点

学者選抜　本検査「適性検査Ⅱ」　 解答用紙

年

	ウ	エ	オ	※
				/15

※
/ 5

※
/10

組

※
/ 7

※
/ 5

※
/30

交流協会では, 通院するときに在住外国人が
に, 医療通訳ボランティアの活動を行っていま

※
/10

※
/ 8

受検番号

氏　　名

※
/30

得　　　点
※

令和六年度
岩手県立一関第一高等学校附属中学校
入学者選抜

本検査「適性検査Ⅲ（作文）」

解答用紙

1

受検番号

氏　　名

得　　点
※

※30点満点

【解答

令和６年度　岩手県立一関第一高等学校附属中学

1 酪農と乳業

問題1	選んだ グラフの記号		と		※
	伝えたい内容				
					/15

問題2	牛乳		バター		アイスクリーム	※
						/7

問題3	(1)	ア	イ	ウ	エ	※ /8
	(2)	①		②		※ /4
	(3)					※ /6

※	
	/40

2 岩手県

問題1	ア	
問題2	(1)	
	(2)	

3 国際交

問題1	(1)	
	(2)	
問題2	(1)	
		その 困 す
	(2)	

【解答

令和６年度　岩手県立一関第一高等学校附属中学

1 大阪・関西万博の開催

問題1	【円の中心の位置】 【理由】	※ /10

問題2	（1）	：	※ /7
	（2）	m	※ /7
	（3）	m²	※ /8

問題3	【共通点】 【ちがい】	※ /10

問題4		※ /8

※ /50

2 銀河中

問題1	日に	
	３日前（水）	
	２日前（木）	
	１日前（金）	

問題2	（1）
	（2）

記号
理由

問題3

K 教英出版

【解答

問題　〈記述の条件〉に合わせて、あなたの考えを書きなさい。

〈記述の条件〉

① 次の二点について、あなたの考えを書くこと。

・あなたが図書委員の立場だったら、EさんとFさんが考えたアイディアに対して、どのような意見を述べますか。話し合いの様子をふまえて書きなさい。

・これから、さまざまな考えをもつ人と一緒に活動する時、あなたは何を大切にしてどのように活動していきたいですか。考えの理由にもふれながら書きなさい。

② 段落のまとまりに気を付けて書き、文章全体を二段落以上で構成すること。

③ 原こう用紙の正しい使い方にしたがって書くこと。

④ 十八行以上二十行以内で書くこと。

資料3【現在の岩手県と宮城県登米市】

問題1　次のア〜オについて，**資料1〜3**からわかることとして，適切なものには
　　　　○，適切でないものには×を書きなさい。　　　　　　　　　　　　（15点）

　ア　現在の岩手県には，仙台藩や一関藩，八戸藩の領いきであった地いきが
　　　ふくまれている。

　イ　現在の九戸郡にあたる地いきは，青森県であったことがある。

　ウ　かつての一関県には，現在の宮城県の地いきはふくまれていない。

　エ　岩手県の県庁は，宮城県登米市にあったことがある。

　オ　一関藩があったころ，盛岡藩や八戸藩の領いきは，それぞれ一つにつな
　　　がっていなかった。

はるさんとたけおさんは，岩手県の交通の発達の歴史について興味をもち，調べたことを**資料４**の年表にまとめました。

資料４【岩手県の交通の発達の歴史】

⋮	⋮
1880 年（明治 13 年）	工部省釜石鉄道開業（日本で３番目に開業）
1890 年（明治 23 年）	東北本線盛岡駅開業
	（日本で最初の鉄道が開業してから 18 年後）
⋮	⋮
1964 年（昭和 39 年）	花巻空港開港
1977 年（昭和 52 年）	東北自動車道〔一関 IC－盛岡南 IC 間〕開通
1982 年（昭和 57 年）	東北新幹線〔大宮駅－盛岡駅間〕開業
1984 年（昭和 59 年）	三陸鉄道開業
1987 年（昭和 62 年）	東北自動車道全線開通
⋮	⋮
2021 年（令和 3 年）	三陸自動車道全線開通

　　この年表を見ながら，２人は次のような会話をしました。

は　る：交通の発達によって，わたしたちのくらしは便利になったね。

たけお：家族で，花巻空港から飛行機で旅行に行ったことがあるよ。どれくらいの人が花巻空港を利用しているのかな。

は　る：**資料５**を見つけたよ。平成 22 年度は，定期便の数や路線の変更にともなって，利用者数が減少したようだね。

たけお：でも，25 万人程度まで減少した利用者数が，平成 23 年度からは増加しているね。

は　る：そうだね。平成 29 年度には，ピーク時の平成９年度の　①　％以上に回復しているね。

たけお：鉄道についていえば，一昨年は日本で最初の鉄道が開業してからちょうど 150 年だったね。岩手県政と同じくらい，長い歴史があるんだね。

は　る：近年，A鉄道による貨物の輸送が見直されてきているんだよ。**資料６**，**資料７**を見てごらん。

資料5【花巻空港の定期便利用者数】

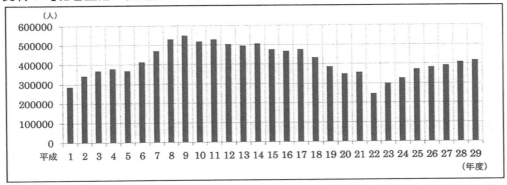

（岩手県ホームページ　統計資料より作成）

資料6【貨物を輸送したときにはい出される二酸化炭素量】

	1トンの貨物を1km輸送したときにはい出される二酸化炭素の量
営業用貨物車（トラック等）	約 216g
貨物鉄道	約 20g

（国土交通省ホームページより作成）

資料7【貨物の鉄道輸送とトラックによる輸送の様子】

（JR貨物CSR報告書より）

（くるまのニュースホームページより）

問題2　　次の（1），（2）の問いに答えなさい。

（1）　会話文の空らん　　①　　に当てはまる最も適切な数字を，次のア～エの中から1つ選び，その記号を書きなさい。　　　　　　　　　　　　　　　（5点）

　　　ア　60　　　イ　70　　　ウ　90　　　エ　120

（2）　下線部Aについて，資料6，資料7をもとに，貨物鉄道の輸送がトラックの輸送に比べてよいと思われることを2つ書きなさい。　　　　　　　　　　（10点）

3 国際交流の取組

そうたさんとももこさんは，国際交流協会のイベントに参加するため，国際交流センターを訪れました。

会場には，この日のイベントに参加している6人の外国の人たちの自己しょうかいカードがけい示されていました。

資料1【けい示されている参加者の自己しょうかいカード】

Welcome to Iwate !

I'm Tom.
I'm from the U.S.A.
I am 20 years old.
My birthday is March 22.

I play basketball.
I like Japan National Team.

I enjoyed the World Cup Basketball!

I'm Emma.
I'm from France.
I am 21 years old.
My birthday is February 26.

I am good at playing the piano.
I have many music CDs.

Please come to my concert!

I'm Pedro.
I'm from Brazil.
I am 19 years old.
My birthday is March 5.

I am good at singing songs.
I like Karaoke!

Let's go to Karaoke!

I'm Ana.
I'm from Spain.
I am 17 years old.
My birthday is February 24.

I listen to many songs.
I can play the guitar.

Do you play the guitar?

I'm Maria.
I'm from Sweden.
I am 16 years old.
My birthday is February 18.

I run every day.
I can run fast.

Can you run fast?

I'm Park.
I'm from South Korea.
I am 18 years old.
My birthday is March 19.

I like K-pop music.
I can sing songs and dance well.

I want to be a singer!

資料2【星座<ruby>星座<rt>せいざ</rt></ruby>とたんじょう月日】

星座	たんじょう月日
やぎ座　Capricorn	December 22 ～ January 19
みずがめ座　Aquarius	January 20 ～ February 18
うお座　Pisces	February 19 ～ March 20
おひつじ座　Aries	March 21 ～ April 19
おうし座　Taurus	April 20 ～ May20
ふたご座　Gemini	May 21 ～ June 21
かに座　Cancer	June 22 ～ July 22
しし座　Leo	July 23 ～ August 22
おとめ座　Virgo	August 23 ～ September 22
てんびん座　Libra	September 23 ～ October 23
さそり座　Scorpio	October 24 ～ November 22
いて座　Sagittarius	November 23 ～ December 21

　そうたさんとももこさんは，**資料1**，**資料2**を見ながら次のような会話をしました。

ももこ：いろいろな国の人たちが参加しているようだね。

そうた：ぜひ話しかけてみようよ。友だちになれるといいな。

ももこ：わたしの星座はうお座なんだけど，この6人の中に，うお座の人が4人もいるみたい。

そうた：すごい偶然だね。

ももこ：自己しょうかいカードを見ると，A うお座の4人には共通点があるようだよ。

そうた：じゃあ，そのことを話題にして話しかけてみようか。

問題1　　次の（1），（2）の問いに答えなさい。

（1）　下線部Aについて，**資料1**と**資料2**をもとに，うお座の参加者にはどのような共通点があるか説明しなさい。　　　　　　　　　　　　　　　　　　　（7点）

（2）　あなた自身のたんじょう日はいつですか。資料や下の例を参考に，英語で書きなさい。　　　　　　　　　　　　　　　　　　　　　　　　　　　　　　（5点）

（例）　**My birthday is October 8.**

そうたさんとももこさんは，国際交流協会の職員の方と，次のような会話をしました。

ももこ：今日はイベントに参加させていただきありがとうございました。
そうた：国際交流協会は，どんな活動をしているのですか。
職　員：活動の様子の写真がありますよ。

資料3【日本語教室の様子】

資料4【医療通訳の様子】

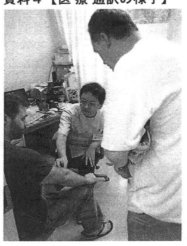

（出典：小学校社会科副読本　あたらしいきょうど岩手）

ももこ：外国人のみなさんのために，いろいろな活動を行っているのですね。
職　員：情報誌の作成などもしていますよ。

資料5【外国人向け情報誌（一部抜粋）】

○日曜・祝日の病院（1月）

いつ？	病院	電話番号（📞）	住所
日曜日・祝日 午前8：30〜午後4：00 （夜は毎日 　午後6：30〜9：00）	○○病院	○○○−○○○○	○○市○○‐○○

職　員：漢字にふりがなをつけたり，やさしい日本語で書いたりするようにしています。
そうた：日本でくらす外国人のみなさんが，どんなことにこまっているのか，いろいろな気配りをされているのですね。

国際交流協会の活動に興味をもったそうたさんとももこさんは，さらにくわしく調べ，**資料6**，**資料7**，**資料8**を見つけました。

資料6【在住外国人がこまっていること，手伝ってほしいこと】

1位(39票)	日本語の勉強
2位(26票)	戸籍・福祉・税金など，市や国の制度
3位(25票)	仕事や雇用
4位(19票)	病気やけがなどの医療
4位(19票)	お金のこと
4位(19票)	日本の文化・風習
7位(16票)	災害のこと
⋮	

（盛岡市在住外国人の生活と実態調査報告書 ―多文化共生社会の推進に向けて―より作成）

資料7【在住外国人ができることの割合】

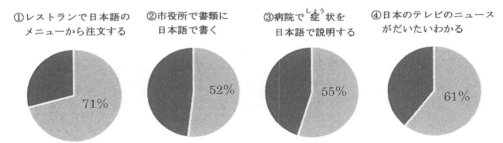

①レストランで日本語の　②市役所で書類に　③病院で症状を　④日本のテレビのニュース
メニューから注文する　日本語で書く　日本語で説明する　がだいたいわかる
71%　52%　55%　61%

（盛岡市在住外国人の生活と意識に関する実態調査報告書 ―多文化共生社会の推進に向けて―より作成）

資料8【在住外国人の情報発信に関する希望・期待】

1位(35票)	言語の数が増える
2位(34票)	やさしい日本語の発信が増える
3位(30票)	今のままでよい
4位(27票)	情報発信の方法が増える
5位(18票)	発信の頻度が増える
⋮	

（盛岡市在住外国人の生活と意識に関する実態調査報告書 ―多文化共生社会の推進に向けて―より作成）

問題2　次の（1），（2）の問いに答えなさい。
（1）　そうたさんは，国際交流協会が**資料3**の日本語教室の活動を行っている理由を，**資料6**からわかることをもとに，次のように説明しました。

【そうたさんの説明】

> **資料6**から，「在住外国人がこまっていること，手伝ってほしいこと」の1位は「日本語の勉強」だということがわかります。だから，国際交流協会では，日本語の勉強をしたい在住外国人のために日本語教室を行っています。

　　【そうたさんの説明】を参考にして，国際交流協会が**資料4**の活動を行っている理由を，**資料6**と**資料7**からわかることを書きなさい。
　　なお，解答用紙の「そこで，国際交流協会では，通院するときに在住外国人がこまらないように，医療通訳ボランティアの活動を行っています。」に続くように書くこと。　　　　　　　　　　　　　　　　　　　　　　　　　　　　（10点）

（2）　**資料5**の【外国人向け情報紙（一部抜粋）】を，在住外国人の希望・期待に応じてさらに改ぜんするとしたら，どのように改ぜんしますか。**資料8**をもとにして，あなたの考えを書きなさい。　　　　　　　　　　　　　　　　　（8点）

K 教英出版

（　問題は次のページに続きます。　）

かすみさんとゆたかさんは，次のような会話をしました。

ゆたか：大阪で万博が開催されるのは，これが2回目なんだね。

かすみ：1970年に開催された1回目の大阪万博では，「人類の進歩と調和」をテーマに，ワイヤレステレホン（携帯電話）や電波時計，リニアモーターカーなど，たくさんの最新技術が展示されたそうだよ。

ゆたか：リニアモーターカーといえば，2027年にリニア中央新幹線が開業予定だと聞いたよ。

かすみ：時速500kmで走行し，東京～名古屋間を約40分で結ぶそうだよ。

ゆたか：それはすごいね。リニアモーターカーはうき上がって走行するそうだけど，どういうしくみなんだろうね。

かすみ：電磁石を使っていると聞いたことがあるよ。

ゆたか：電磁石というのは，コイルの中に鉄心を入れて，電流を流すと磁石になるものだよね。

かすみ：リニアモーターカーの側面のかべには，うき上がるためのコイルと，前に進むためのコイルがうめこまれているそうだよ。

ゆたか：なるほど，ぼくもくわしく調べてみることにするよ。

　ゆたかさんは，リニアモーターカーがうき上がるしくみを調べました。すると，**図7**のようにリニアモーターカーの内部にうめこまれた磁石と，側面のかべにうめこまれた電磁石が，車両におし上げる力と引き上げる力を加え，車両がうき上がることがわかりました。

図7【リニアモーターカー内部にある磁石と側面のかべの電磁石】

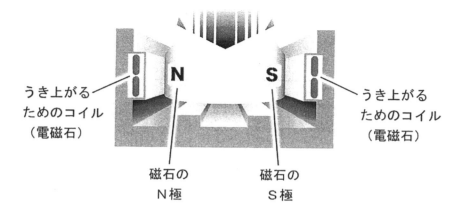

問題4　リニアモーターカーがうき上がるしくみとして，磁石の極の組み合わせが正しいものを，次の**ア**〜**エ**から１つ選び，その記号を書きなさい。

（8点）

ア　　　　　　　　　　　　　　　　イ

ウ　　　　　　　　　　　　　　　　エ

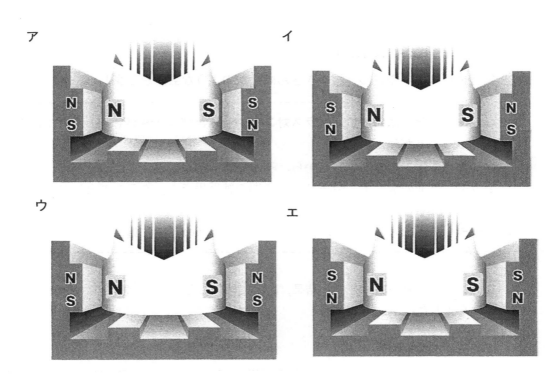

2 銀河中学校の体育祭

　銀河中学校では，今週の土曜日に体育祭が行われます。6クラスが赤組団（１－１，２－１，３－１）と白組団（１－２，２－２，３－２）の２つに分かれ，総合優勝（ゆうしょう）を目指して競います。（※）

　※「１－１」は１年１組を表す。

　実行委員のふみやさんとなつきさんは，次のような会話をしました。

ふみや：体育祭に向けて，クラス対こうの長縄とびの練習がもり上がっている
　　　　ようだね。

なつき：本番まであと少しだから，みんな真けんだよ。

ふみや：直前の水，木，金曜日の３日間の練習場所を，クラスごとに割り当て
　　　　たらどうかな。

なつき：それはいい考えだね。すぐに，各クラスの代表に集まってもらおう。

　各クラスの代表が話し合った結果，次の条件にしたがって，割り当てを決めることになりました。

【割り当ての条件】

- ・朝と昼休みに，校庭と体育館の練習場所を割り当てる。
- ・体育館の割り当ては，事前に行われた代表によるくじ引きにより**表１**のように決まっている。
- ・２日前の昼休みは，会場準備があるため校庭の割り当てをしない。
- ・同時に練習できるクラス数は，校庭は２クラス，体育館は１クラスとする。ただし，校庭の２クラスは同じ学年にならないようにする。
- ・どのクラスも校庭と体育館でそれぞれ最低１回は練習する。
- ・３年生は，朝に割り当てをしない。（係集会があるため。）
- ・１年生と２年生の割り当ての回数は，３年生よりも１回多くする。

表1 【長縄とびの練習場所の割り当て表】

日にち	時間帯	校庭	体育館
3日前（水）	朝		1－1
	昼休み		3－1
2日前（木）	朝		1－2
	昼休み	【会場準備】 【会場準備】	2－2
1日前（金）	朝		2－1
	昼休み		3－2

問題1　表1は，校庭の割り当てが空らんになっています。
　　　あなたが実行委員なら，どのような割り当てにしますか。**【割り当ての条件】**をすべて満たすように，解答用紙の表にクラス名（1－1，1－2，2－1，2－2，3－1，3－2のいずれか）を書き入れ，割り当て表を完成させなさい。
　　　　　　　　　　　　　　　　　　　　　　　　　　　　　　（16点）

体育祭当日になりました。どの種目も大きなもり上がりを見せています。長縄とび
を見ていた4人の観客に競技の結果をたずねると，次のように話していました。

A さん
2－1のとんだ回数は，1－1のちょうど1.2倍でした。

B さん
どのクラスも20回以上とんでいました。
1～2年生の中で1番多くとんだクラスの回数は，52回でした。

C さん
1－2のとんだ回数は，1－1よりも7回多かったです。

D さん
2－1のとんだ回数は，1－2よりも多かったです。

問題2　　次の（1），（2）の問題に答えなさい。

（1）　Aさんとんさんの2人の話をもとにすると，2－1のとんだ回数として考え
られる数は5つあります。その5つの数をすべて書きなさい。　　　　（10点）

（2）　4人の話をもとに，1－1のとんだ回数を書きなさい。　　　　（8点）

用具係のやまとさんとみなみさんは，競技で使う風船とボールに空気を入れながら，次のような会話をしました。

やまと：空気をよく入れると風船やボールはよくはずむようになるね。
みなみ：ところで，水風船みたいにボールの中に水を満たしてもはずむのかな。
やまと：そういえば，この前の理科の授業で，風船を使ったこんな実験をしたよ。

【実験１】

目的	空気をとじこめた風船を，空気の入ったつつの中に入れ，つつの空気をおしたとき，空気の入った風船はどうなるか調べる。
方法	①とう明なつつ，空気，ぼう，風船 を用意する。 ②空気でふくらませた風船の口をしっかり結び，つつの中に入れる。 ③ぼうを使って，空気をおしていく。 ④おしていったときの手ごたえと，風船の大きさの変化を調べる。
結果	空気をおしていくほど手ごたえが大きくなり，風船が小さくなった。手をはなすと，おしたぼうはもとの位置にもどった。

【実験２】

目的	水をとじこめた風船を，水の入ったつつの中に入れ，つつの水をおしたとき，水の入った風船はどうなるか調べる。
方法	①とう明なつつ，水，ぼう，風船を用意する。 ②水で満たした風船を口をしっかり結び，つつの中に入れる。つつの底に風船の口をしっかりと固定する。 ③つつの中を水で満たしていく。 ④ぼうを使って，水をおしていく。 ⑤おしていったときの手ごたえと，風船の大きさの変化を調べる。
結果	水をおしてもぼうは動かず，風船の大きさは変わらなかった。

問題３　　ゴム製のボールの中を水で満たしたとすると，空気で満たしたボールと比べて，はずみ方はどうなりますか。次のア～ウから１つ選び，その記号を書きなさい。
　　　　また，そのように考えた理由を，【実験１】と【実験２】からわかることをもとに説明しなさい。
　　　　　　　　　　　　　　　　　　　　　　　　　　　　　　　　　(16点)

　　　ア　よくはずむ　　イ　ほとんど変わらない　　ウ　あまりはずまない

K 教英出版

令和5年度

岩手県立一関第一高等学校附属中学校入学者選抜
本検査「適性検査Ⅰ」

問題用紙

【9：30 ～ 10：05】（35分）

（注意）

1　先生の指示があるまで，この問題用紙を開いてはいけません。

2　問題用紙と解答用紙はそれぞれ1部ずつあります。

3　問題は 1 から 2 までで，全部で13ページです。

4　答えは，すべて解答用紙に書いて下さい。ただし，解答用紙の※印のところには，何も書いてはいけません。

5　答えは，数・式・図・言葉などで書くようになっています。問題をよく読んで，定められたとおりに書いて下さい。

6　計算などは，問題用紙の空いているところを使って下さい。

7　印刷がはっきりしないときや筆記用具を落としたときなどは，だまって手をあげて下さい。

8　答えは，濃くはっきり書いて下さい。また，消すときは，消しゴムできれいに消して下さい。はっきりしない答えの場合，誤りになることもあります。

9　問題などは，声に出して読んではいけません。

10　時間内に終わっても，そのまま着席していて下さい。

11　「やめなさい」の指示があったら，すぐに解答するのをやめて，解答用紙を机の中央に置いて下さい。

受検番号

1 　地域の夏祭り

銀河中学校のしょうさん，ゆうきさんは地域の夏祭りに行きました。ゲームの屋台の前で，２人は次のような会話をしました。

しょう：いろいろなゲームができるみたいだね。どれも面白そうだね。

ゆうき：うん。まずは，輪投げゲームをやってみよう。ここに説明が書いてあるよ。

【輪投げゲームの説明】
- １から４の数字についている棒をねらって，１人３回輪を投げる。
- １投目にかかった数字を百の位，２投目にかかった数字を十の位，３投目にかかった数字を一の位として３けたの数をつくる。同じ数字に何度かかってもよい。
- つくった３けたの数が**【景品かく得の条件】**に当てはまれば，景品をもらえる。
- 投げた輪が棒にかからなかった場合には，輪が棒にかかるまで投げ直すことができる。

【景品かく得の条件】
1 等 … 「百の位，十の位，一の位の３つの数
　　　　の和が 10 である数」
2 等 … 「３けたの数が９の倍数である数」
3 等 … 「３けたの数が３の倍数で，９の倍数
　　　　ではない数」

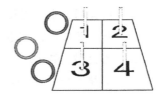

2人はそれぞれ輪投げゲームを行い、どちらも1投目を終えたところで、次のような会話をしました。

> ゆうき：ぼくの1投目は4だったよ。しょうさんは？
> しょう：ぼくは1だったよ。残念ながら、もう1等はねらえないな。
> ゆうき：たしかにそれだと、百の位、十の位、一の位の3つの数の和が10になる3けたの数はつくれないね。でも、まだ2等と3等のチャンスがあるよ。
> しょう：3けたの数が、9の倍数や3の倍数であるかどうかが簡単にわかる方法はないのかな。
> ゆうき：便利な方法を知っているよ。この前、先生から教えてもらったんだ。
>
> > **【9の倍数かどうかを調べる方法】**
> >   3けたの数の各位の数の和が9の倍数であれば、その3けたの数は9の倍数である。
> >   例）342の場合
> >   ・3＋4＋2＝9　なので、各位の数の和は9の倍数になっている。
> >   ・342＝9×38　なので、342は9の倍数である。
> >
> > **【3の倍数かどうかを調べる方法】**
> >   3けたの数の各位の数の和が3の倍数であれば、その3けたの数は3の倍数である。
> >   例）222の場合
> >   ・2＋2＋2＝6　なので、各位の数の和は3の倍数になっている。
> >   ・222＝3×74　なので、222は3の倍数である。
>
> しょう：なるほど、これならすぐにわかって便利だね。

問題1　　次の（1），（2）の問いに答えなさい。

（1）　1等になる3けたの数をすべて書きなさい。　　　　　　　　　　（8点）

（2）　1投目が「4」のとき、2等、3等になる3けたの数はそれぞれ何通りあるか答えなさい。　　　　　　　　　　（8点）

－ 2 －

広場では，スイカ割りのイベントをしています。それを見て，２人は次のような会話をしました。

しょう：スイカ割り，楽しそうだね。ぼくのおばあちゃんが，畑でスイカを育てているんだ。そろそろ花がさきそうだと話していたよ。

ゆうき：スイカの花は見たことがないなあ。

しょう：ヘチマと同じように，めばなとおばなの２種類の花をさかせるよ。めばなが受粉すると，やがて実ができるんだって。

ゆうき：A受粉しないと，実はできないのかな。

しょう：おばあちゃんにたのんで，実験して確かめてみるよ。

下線部Aの疑問を解決するために，しょうさんは，次のような実験方法を考えました。

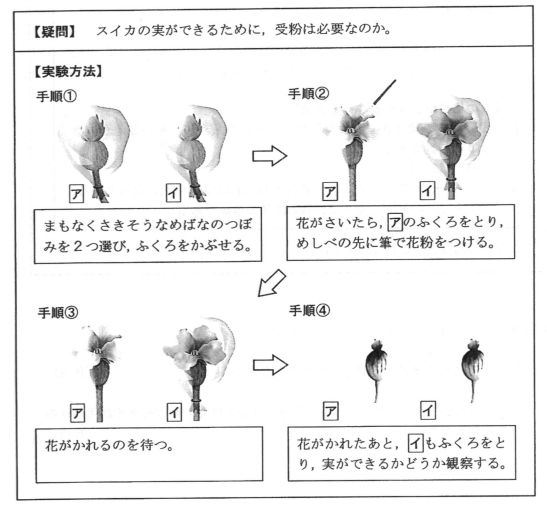

【疑問】　スイカの実ができるために，受粉は必要なのか。

【実験方法】

手順①
ア　イ
まもなくさきそうなめばなのつぼみを２つ選び，ふくろをかぶせる。

手順②
ア　イ
花がさいたら，アのふくろをとり，めしべの先に筆で花粉をつける。

手順③
ア　イ
花がかれるのを待つ。

手順④
ア　イ
花がかれたあと，イもふくろをとり，実ができるかどうか観察する。

後日，しょうさんはこの実験を行い，実ができるかどうかを調べました。すると，実験の結果は次のようになりました。

【実験の結果】

ア のめばな	実ができた
イ のめばな	実ができなかった

この**【実験方法】**と**【実験の結果】**を見て，2人は次のような会話をしました。

しょう：実験してみたら，受粉させた ア は実ができて，受粉させない イ は実が
　　　　できなかったよ。

ゆうき：2つを比べて調べたのがいいね。

しょう：これで，実ができるためには受粉が必要だと言っていいかな。

ゆうき：もしかすると，B この**【実験方法】**だと，実ができるためには受粉が必
　　　　要だとは言い切れないかもしれないよ。

しょう：どこがよくなかったかな。

ゆうき：**【実験方法】**の手順①〜④の中で，1か所修正すると，ぼくたちの疑問
　　　　をより確実に確かめることができるよ。

問題2　　下線部Bについて，「この**【実験方法】**だと，実ができるためには受粉が
　　　　必要だとは言い切れない」と考えられる理由を説明しなさい。
　　　　　また，受粉が必要であることをより確実に確かめるためには，**【実験方
　　　　法】**の手順①〜④のうち，どれをどのように修正すればよいか説明しなさ
　　　　い。　　　　　　　　　　　　　　　　　　　　　　　　　　　　（10点）

正午から，夏祭りの特設ステージで，地域の子供たちによる和太鼓の演奏が予定されています。演奏メンバーのほのかさんとかいとさんは，次のような会話をしました。

ほのか：もうすぐ和太鼓演奏のはじまる時間が近づいてきたね。急いで会場準備
　　　　をしよう。まずはパイプいすの設置からだね。

かいと：観客席のスペースはたて 11 m，横 23 m だよ。多くの人に座って見ても
　　　　らえるように，パイプいすをできるだけたくさん置こう。

ほのか：パイプいす 1 個あたりの大きさはたて 50 cm，横 50 cm だよ。

かいと：パイプいすどうしの間かくは，前後左右 1 m 以上はなすことにしよう。
　　　　そうすると，c最大で何個のパイプいすを置けるかな。

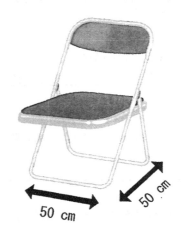

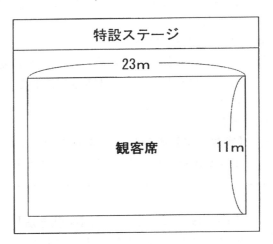

特設ステージ

23m

観客席　　　11m

パイプいすを設置したら，次は和太鼓をステージ上に並べます。D演奏で使う和太鼓は，次の 2 種類です。

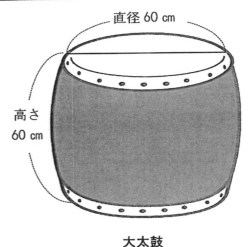

直径 60 cm

高さ
60 cm

大太鼓

直径 30 cm

高さ
30 cm

小太鼓

問題3　次の（1），（2）の問いに答えなさい。

（1）　下線部Cについて，最大で何個のパイプいすを置くことができるか答えなさい。
（8点）

（2）　下線部Dについて，太鼓の形を円柱と考えると，大太鼓の体積は小太鼓の体積の何倍か答えなさい。
（8点）

演奏を終えたほのかさんとかいとさんは，ステージ裏の休憩スペースに置いていたペットボトルを見ながら，次のような会話をしました。

> ほのか：演奏は大成功だったね。たくさん動いたから，のどがかわいたよ。
>
> かいと：テーブルの上に，ペットボトルの水があるよ。そういえば，演奏前に見たときと，ペットボトルのかげの方向が変わっているみたい。だれかが動かしたのかな。
>
> ほのか：きっと，E太陽の位置が変わったからだよ。

令和５年度

岩手県立一関第一高等学校附属中学校入学者選抜
本検査「適性検査Ⅱ」

問題用紙

【10：30 ～ 11：05】（35分）

（注意）

1　先生の指示があるまで，この問題用紙を開いてはいけません。

2　問題用紙と解答用紙はそれぞれ１部ずつあります。

3　問題は 1 から 2 までで，全部で16ページです。

4　答えは，すべて解答用紙に書いて下さい。ただし，解答用紙の※印のところには，何も書いてはいけません。

5　答えは，数・式・図・言葉などで書くようになっています。問題をよく読んで，定められたとおりに書いて下さい。

6　計算などは，問題用紙の空いているところを使って下さい。

7　印刷がはっきりしないときや筆記用具を落としたときなどは，だまって手をあげて下さい。

8　答えは，濃くはっきり書いて下さい。また，消すときは，消しゴムできれいに消して下さい。はっきりしない答えの場合，誤りになることもあります。

9　問題などは，声に出して読んではいけません。

10　時間内に終わっても，そのまま着席していて下さい。

11　「やめなさい」の指示があったら，すぐに解答するのをやめて，解答用紙を机の中央に置いて下さい。

受検番号

① 岩手の製鉄業

　ゆめさんは，父親と２人で父親のふるさとである岩手県釜石市を 訪 れました。花巻駅からＪＲ釜石線に乗り，釜石駅に 到 着 したゆめさんは，父親と次のような会話をしました。

　ゆ　め：釜石駅の駅前から，大きな工場が見えるね。

　父　親：あれは，製鉄所だよ。釜石市は昔から「鉄のまち」として知られているんだ。昔は今よりもさらに製鉄がさかんで，人口も多かったんだよ。

　ゆ　め：今の釜石市の人口は何人ぐらいなの？

　父　親：現在は約 30500 人 (※) だよ。この数は，A 人口が一番多かった 1962 年の人口の約 34％にあたるそうだよ。

　ゆ　め：ずいぶん減ってしまったんだね。

　父　親：でも，現在でも製鉄は重要な産業だし，釜石の橋野鉄鉱山が世界遺産に登録されるなど，注目を集めているんだよ。

　ゆ　め：釜石の製鉄業の歴史に興味が出てきたよ。

　父　親：あとで「鉄の歴史館」に行ってみようか。

（※令和４年９月現在。人口のデータは岩手県人口移動報告年報による。）

　ゆめさんは，釜石の製鉄業の歴史について調べました。調べていく中で，釜石製鉄所は 1880 年に日本で初めて作られた国営の製鉄所であることを知りました。さらに，B その当時と現在の製鉄のちがいについて調べたところ，1880 年当時の釜石製鉄所での製鉄の流れを示した資料１と，現在の日本国内における製鉄の流れを示した資料２を見つけました。

資料１【1880 年当時の釜石製鉄所での製鉄の流れ】

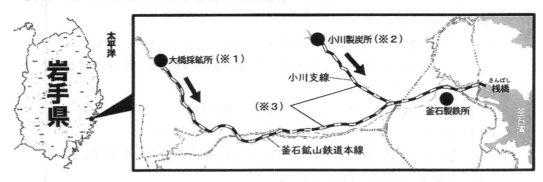

　　　※１：採鉱所は，原料の鉄鉱石を採るところ。
　　　※２：製炭所は，原料の木炭をつくるところ。
　　　※３：地図中の（▬▭▬）は鉄道を表している。

資料2【現在の日本国内における製鉄の流れ】

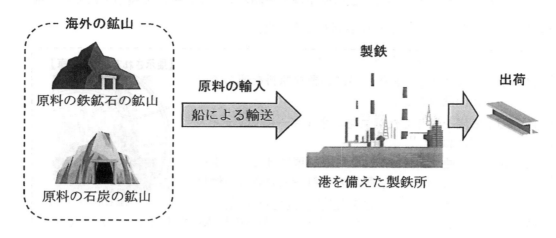

問題1　次の（1），（2）の問いに答えなさい。

（1）　下線部Aについて，1962年の人口はおよそ何人ですか。上から2けたのがい
　　　数で答えなさい。　　　　　　　　　　　　　　　　　　　　　　　（7点）

（2）　下線部Bについて，1880年当時の釜石製鉄所での製鉄の流れと，現在の日本
　　　国内における製鉄の流れとのちがいを，**資料1**，**資料2**からわかることをもと
　　　に3つ書きなさい。　　　　　　　　　　　　　　　　　　　（3点×3）

－ 2 －

ゆめさんは，釜石市にある「鉄の歴史館」を訪れました。そこで展示されている機関車を見て，父親と次のような会話をしました。

ゆ　め：この機関車，かっこいいね。

父　親：これは昔，鉄を作るのに必要な原料を運んでいた機関車だよ。

ゆ　め：石炭を燃やした蒸気をエネルギーにして走るんだよね。

父　親：その通り。現在では蒸気機関車はほとんど走っていないけれど，製鉄の原料や火力発電の燃料などとして，c石炭は大量に使われているんだ。

【展示されている機関車】

（釜石市ＨＰより）

ゆ　め：日本では現在，そのほとんどを海外からの輸入にたよっているんだよね。

父　親：輸入といえば，釜石港に大きな船がたくさん停泊しているのを見たかい？

ゆ　め：うん，いろいろな形の大きな船があったよね。

父　親：運ぶものによって，専用の船が使われるんだよ。**資料7**を見てごらん。

ゆ　め：運ぶものによって船の形がちがうんだね。

　下線部Ｃについて，ゆめさんは次の**資料3**，**資料4**，**資料5**，**資料6**を見つけました。

資料3【日本の石炭輸入先上位国と総輸入量】
総輸入量　186,892 千トン

国名	割合（%）
オーストラリア	61.8
インドネシア	17.5
ロシア	11.5
アメリカ	4.7
カナダ	2.6

資料4【世界の石炭産出上位国と総産出量】
総産出量　7,960,000 千トン

国名	量（千トン）
中国	3,724,197
インド	775,495
アメリカ	640,752
インドネシア	616,159
オーストラリア	503,769

資料5【世界の石炭輸入上位国と総輸入量】
総輸入量　1,440,800 千トン

国名	量（千トン）
中国	306,962
インド	241,238
日本	186,892

資料6【世界の石炭輸出上位国と総輸出量】
総輸出量　1,434,100 千トン

国名	量（千トン）
インドネシア	454,892
オーストラリア	392,934
ロシア	217,511

（独立行政法人石油天然ガス・金属鉱物資源機構『世界の石炭事情調査 2021 年』より作成）

資料7【世界の主な専用船】

運ぶものの種類	船の写真	運ぱん方法
天然ガス等	（　あ　）	気体を液化してタンクにつめこんで運ぶ
食品や雑貨等	（　い　）	包そうしてコンテナにつめこんで運ぶ
石炭や鉄鉱石等	（　う　）	こん包せずにそのまま積みこむ

問題2　　次の（1），（2）の問いに答えなさい。

（1）　次のア～エについて，**資料3，資料4，資料5，資料6**からわかることとして，適切なものには〇，適切でないものには×を書きなさい。（2点×4）

ア　インドネシアは石炭産出上位国であるが，日本に輸出する以外は石炭を自国で使用している。

イ　中国は，世界の石炭総産出量の半分近くを産出しているが，世界の石炭総輸入量の2割以上を輸入している。

ウ　日本がオーストラリアから輸入する石炭は，オーストラリアの全輸出量の5割以上である。

エ　カナダは，世界の石炭産出上位5か国には含まれないが，石炭を他国に輸出している。

（2）　次の①～④の写真は，父親がゆめさんに見せた**資料7**の写真です。表中の**あ ～う**に当てはまる写真をそれぞれ選び，その記号を書きなさい。（2点×3）

①

②

③

④

（写真は三井E＆S，商船三井，日本外航客船協会HPより）

－ 4 －

ゆめさんは，父親と次のような会話をしました

ゆ　め：日本は鉄や石炭など，資源の多くを輸入しているんだね。

父　親：そうだよ。でも，実は日本は鉄を輸出している国でもあるんだよ。

ゆ　め：それってどういうこと？

父　親：この**資料8**を見てごらん。

資料8【世界の鉄スクラップ輸出量ランキング】

1位 アメリカ	2位 イギリス	3位 日本	4位 ドイツ	5位 フランス
1502万トン	940万トン	821万トン	817万トン	618万トン

(共英製鋼ホームページより作成)

父　親：日本では使われなくなった鉄を回収してリサイクルを進めているんだ。それが鉄スクラップなんだよ。

ゆ　め：鉄スクラップは何に使われているの？

父　親：様々な使い道があるけれど，鉄スクラップの多くは電炉での製鉄の原料として使われているんだ。鉄が作られる場所は高炉と電炉の大きく2つに分かれていて，現在は高炉での製鉄が7割以上をしめているけれど，残りは電炉での製鉄なんだ。

ゆ　め：電炉での製鉄についても調べてみたいな。

　ゆめさんは，鉄スクラップや電炉での製鉄について調べるなかで，次の**資料9**，**資料10**，**資料11**，**資料12**を見つけました。

資料9【高炉による製鉄と電炉による製鉄のちがい】

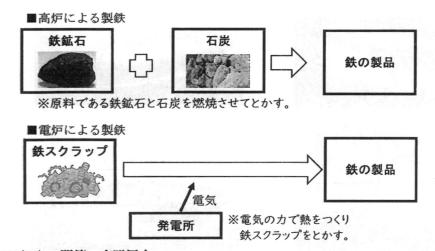

■高炉による製鉄

鉄鉱石　＋　石炭　⇒　鉄の製品

※原料である鉄鉱石と石炭を燃焼させてとかす。

■電炉による製鉄

鉄スクラップ　⇒　鉄の製品

電気

発電所　※電気の力で熱をつくり鉄スクラップをとかす。

資料10【産業向け電気料金平均単価の推移】（円/kWh（※））

単位：円

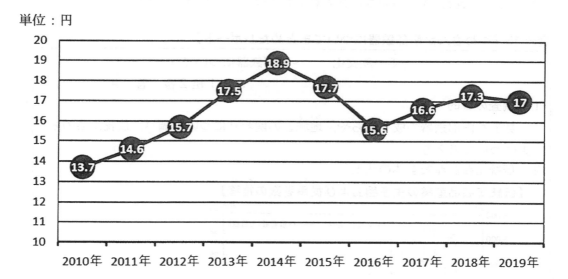

※ 「kWh」は，電気の使用量を表す単位で，資料10は1キロワットの電力を1時間
消費したときの電力に対する価格を示しています。

（資源エネルギー庁ホームページより作成）

資料11【近年の鉄スクラップ1トンあたりの価格】

2019 年 10 月	2020 年 10 月	2021 年 10 月
21,700 円	26,500 円	56,300 円

（日本鉄リサイクル工業会ホームページより作成）

資料12【高炉・電炉で1トンあたりの鉄を生産するときの二酸化炭素排出量】

（単位：トン）

	1トンあたりの鉄を生産するのに 排出される二酸化炭素の量
高炉による製鉄	2.03
電炉による製鉄	0.41

（東京製鐵HPより作成）

問題3　電炉による製鉄の長所と短所について，**資料9，資料10，資料11，資料12**からわかることをもとに，それぞれ1つずつ書きなさい。　　　（6点×2）

ゆめさんが製鉄について調べるなかで，岩手県の伝統工芸品「南部鉄器」に興味を
もちました。**資料 13** はゆめさんが南部鉄器についてまとめたレポートの一部です。

資料 13【ゆめさんが南部鉄器についてまとめたレポート】

　　　　　　　　岩手の鉄文化　　～南部鉄器について～
　　　　　　　　　　　　　　　　　６年１組２番　磐井　ゆめ

１　調査の目的
　　身近な南部鉄器の成り立ちや，地域との関わりについて調べ，伝統工芸の未
来について考える。

２　伝統工芸品産業全体の状況

【伝統工芸品産業の生産額および従事者数の推移】

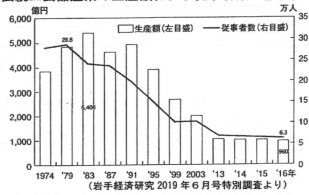

（岩手経済研究 2019 年６月号特別調査より）

【伝統工芸品に分類される品目の岩手県内での出荷額の推移】（単位：億円）

品目	年		
	2010	2013	2016
漆器製台所・食たく用品	1.1	1.1	0.9
漆器製家具	3.7	5.5	5.0
その他銑鉄鋳物（南部鉄器を含む）	17.1	21.1	25.5

（岩手経済研究 2019 年６月号特別調査より）

３　南部鉄器のあゆみ
　　主な産地は盛岡市と奥州市で，盛岡の鉄器は 17 世紀初めごろに，南部藩主が
京都から釜師を招いて茶の湯釜を作らせたのが始まりである。
　　特ちょうは素ぼくで深みのある味わいがあること。南部鉄器ならではの鉄の
素材をやわらかに活かす独特のデザインが親しまれており人気がある。
　　最近はカラフルな色の急須を製作したことで，ヨーロッパなど海外でも人気
を集めている。また，南部鉄瓶で湯をわかすと，味がまろやかになり，中国茶
などがおいしくなると言われており，中国での人気も高くなっている。
　　最近では，人気キャラクターとコラボレーションした鉄瓶も製作されている。

4　岩手県産工芸品の利用状況

【岩手県産工芸品を利用する理由（複数回答可）】

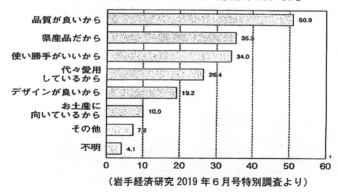

（岩手経済研究 2019 年 6 月号特別調査より）

5　南部鉄器メーカーへのインタビュー（社長さんへのインタビュー）

　　南部鉄器は，職人による作業だけでなく，機械で行う工程も取り入れて生産しています。また，今までの様式にはこだわらず，「注ぎやすさ」，「ふきこぼれにくさ」など使いやすさにこだわった新しいものも生み出しています。

6　考察

略

問題4　ゆめさんがまとめたレポートから読み取ることができる内容として正しいものはどれですか。次の**ア〜オ**の中から適当なものを**すべて**選び，その記号を書きなさい。　　　　　　　　　　　　　　　　　　　　　　（8点）

　ア　近年，伝統工芸品の生産額は，2003 年以前と比べて減っているが，岩手県の南部鉄器をふくむ鉄に関する伝統工芸品は出荷額が継続して増加している。

　イ　岩手県産伝統工芸品は，お土産等のおくり物としての利用が最も多い。

　ウ　南部鉄器は色付けを行わず，鉄の素材を生かした伝統的なデザインを守っていることで，現代の人々にも人気がある。

　エ　南部鉄器は現在，売り上げ全体の半分以上が海外での売り上げとなり，職人による手作業よりも機械化を取り入れた大量生産が必要になってきている。

　オ　南部鉄器の生産者は，見た目だけでなく，生活の中での使いやすさを大切にした商品の開発も心がけている。

② 水と私たちのくらし

　あいさんとこうたさんは，総合的な学習の時間に，「水と私たちのくらし」をテーマに調べたことをレポートにまとめ，発表することにしました。
　2人は，次のような会話をしました。

学校から見える磐井川

あ　い：私たちの学校のそばを流れている，磐井川について調べてみよう。

こうた：水源は，一関市の西に見える栗駒山で，長さは 36km だそうだよ。

あ　い：一関市内を流れて，やがて北上川に注ぐんだよね。

こうた：ところで，磐井川について調べているときに，**資料1**，**資料2**を見つけたよ。

あ　い：**資料1**の地図上の太い線は何を表しているの？

こうた：この線は，「分水界」というものを表しているそうだよ。磐井川の水源である栗駒山も，この線の上に位置しているんだ。

あ　い：この線を境にして，**資料2**にある河川は大きく2つに分かれるね。

こうた：そうなんだ。A「分水界」は，「水の流れを分ける境界」だと言えるね。

令和五年度

岩手県立一関第一高等学校附属中学校入学者選抜

本検査「適性検査Ⅲ（作文）」

問題用紙

【十一時三十分〜十二時〇〇分】（三十分）

（注意）

一　先生の指示があるまで、この問題用紙を開いてはいけません。

二　問題用紙と解答用紙は、それぞれ一部ずつあります。

三　解答用紙の※印のところには、何も書いてはいけません。

四　印刷がはっきりしないときや筆記用具を落としたときなどは、だまって手をあげて下さい。

五　答えは、濃くはっきり書いて下さい。また、消すときは、消しゴムできれいに消して下さい。はっきりしない答えの場合、誤りになることもあります。

六　問題などは、声に出して読んではいけません。

七　時間内に終わっても、そのまま着席していて下さい。

八　「やめなさい」の指示があったら、すぐに解答するのをやめて、解答用紙を机の中央に置いて下さい。

※本検査「適性検査Ⅲ　放送を聞いて答える問題」は非公表です。

受　検　番　号

1 次の資料を読み、あとの問題に答えなさい。

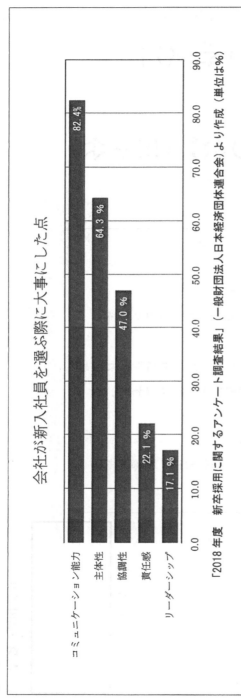

会社が新入社員を選ぶ際に大事にした点

- コミュニケーション能力 82.4%
- 主体性 64.3％
- 協調性 47.0％
- 責任感 22.1％
- リーダーシップ 17.1％

「2018年度 新卒採用に関するアンケート調査結果」（一般財団法人日本経済団体連合会）より作成（単位は％）

【生徒の作文】

　これからの時代を生きる私たちにとって、コミュニケーション能力が大事だと言われています。上のグラフからも、社会の中でコミュニケーション能力が重視されていることがわかります。

　コミュニケーション能力とは、「自分の言いたいことを相手に伝える力」と、「相手の伝えたいことをしっかりと受け取る力」のことだと書かれていました。

　これを見て、私は考えさせられました。それは、先日の学級会であった出来事があったからです。学級会の議題は、ボランティア活動について話し合うことになりました。私はぜひやりたい活動があったので、班のみんなに自分の意見を積極的に発言しました。全体での発表も、私が行うことになりました。

　班での話し合いが終わり、私は自分の意見を発表しました。自信のある意見でしたが、学級では他の班からの意見に決まりました。

　その時、同じ班の一人が、ぼそっとつぶやく声が聞こえてきました。

　「ぼくも、それ考えたんだよなあ。」

（以下略）

令和5年度　岩手県立一関第一高等学校附属中学校入学者選抜

適性検査Ⅰ・Ⅱ

解答用紙

受検番号		氏　名	

解答用紙

令和5年度　岩手県立一関第一高等学校附属中学校入学者選抜　本検査「適性検査Ⅰ」

受検番号

氏　名

得　点

※

※100点満点

※ /50

2 修学旅行へ出発

| 問題1 | （1） | およそ | | kg | ※ /8 |
| | （2） | | | | ※ /8 |

| 問題2 | | | | | ※ /10 |

| 問題3 | （1） | およそ | | 年 | ※ /6 |
| | （2） | | | | ※ /8 |

| 問題4 | 【記号】 | | | | ※ /8 |
| | 【理由】 | | | | ※ /10 |

1 地域の夏祭り

問題1	（1）				※ /8
	（2）	【2等】	通り		※ /8
		【3等】	通り		

| 問題2 | 【理由】 | | | | ※ /10 |
| | 【修正】 | | | | |

| 問題3 | （1） | | 個 | | ※ /8 |
| | （2） | | 倍 | | ※ /8 |

| 問題4 | 【太陽の位置】 | | | | ※ /8 |
| | 【かげ】 | | | | |

※ /50

【解答

1

受検番号
氏　　名

得　　点
※

※60点満点

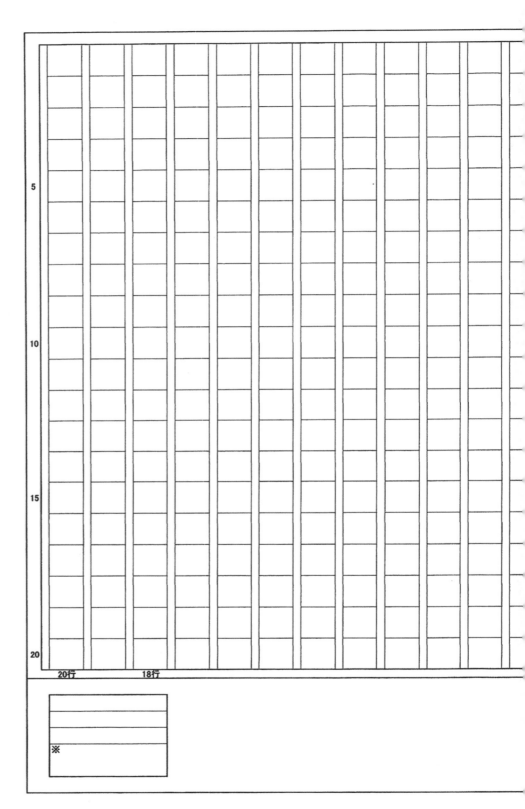

令和5年度　岩手県立一関第一高等学校附属中学校入学者選抜　本検査「適性検査Ⅱ」　[解答用紙]

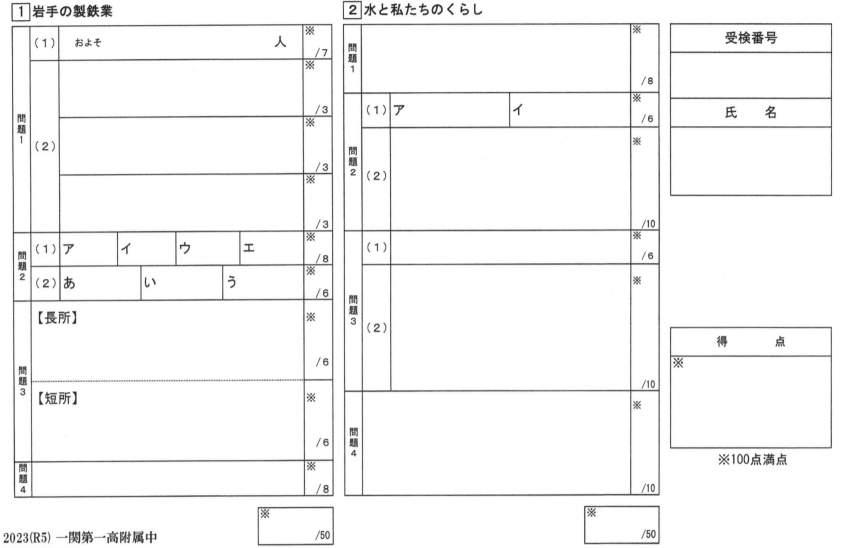

1 岩手の製鉄業

問題1

（1）　およそ　　　　　　　　　　　　　　　人　　※ /7

（2）　　※ /3　　※ /3　　※ /3

問題2

（1）ア　イ　ウ　エ　※ /8

（2）あ　い　う　※ /6

問題3

【長所】　※ /6

【短所】　※ /6

問題4　※ /8

※ /50

2 水と私たちのくらし

問題1　※ /8

（1）ア　イ　※ /6

問題2

（2）　※ /10

問題3

（1）　※ /6

（2）　※ /10

問題4　※ /10

※ /50

受検番号

氏　名

得　点
※

※100点満点

2023(R5) 一関第一高附属中

K 教英出版

問題　〈記述の条件〉に合わせて、あなたの考えを書きなさい。

〈記述の条件〉

① 「コミュニケーション能力」について、次の三点に触れながらあなたの考えを書きなさい。

```
【生徒の作文】の班での話し合いの問題点と改善点
・社会の中で重視されている理由
・これからの中学校生活で自分が取り組んでいきたいこと
```

② 段落のまとまりに気をつけて書き、文章全体を二段落以上で構成すること。
③ 原こう用紙の正しい使い方にしたがって書くこと。
④ 十八行以上二十行以内で書くこと。

K 教英出版

資料１【分水界を表した地図】	資料２【東北地方の主な河川】
	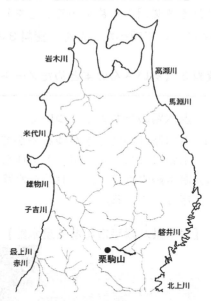
（公益社団法人日本山岳会ＨＰより作成）	（国土交通省東北地方整備局ＨＰより作成）

問題１　　下線部Ａについて，**資料１**の「分水界」を示す線は，**資料２**の河川の流れをどのように分ける線であるといえるか書きなさい。　　　　　　　（８点）

あいさんは，各地で利用されている水路について調べていたところ，「温水路」と呼ばれる農業用の水路があることを知りました。そこで，温水路の特ちょうや周辺の環境について調べたことを，**資料3**のようにノートにまとめました。

資料3【あいさんのまとめたノート】

（1）温水路の特ちょうについて

① 温水路はかたむきがゆるやかで，一般的な水路にはないだん差が多く作られている。

② 温水路のはばは，一般的な水路よりも広く作られている。

【一般的な水路】

【岩手県八幡平市にある温水路】

【秋田県にかほ市にある温水路】

（2）温水路の周辺環境について

① 八幡平市の温水路の水源は八幡平で，にかほ市の温水路の水源は鳥海山である。

② どちらの山も，冬になるとたくさんの雪が降り積もる。

③ 温水路の周辺には，水田が広がり，温水路の水は米作りにも活用されている。

④ これらの水田では，4月から5月ごろに田植えなどの作業が行われ，多くの水が必要とされる。

⑤ 田植えの際には，ある程度の水温や気温が必要で，水温は20度近くになることが理想とされる。

問題2 次の（1），（2）の問いに答えなさい。

（1） 次の説明文は，八幡平市やにかほ市の温水路に見られる，水温を上げるための工夫について，あいさんがまとめたものです。

空らん**ア，イ**にあてはまることばを，それぞれ書きなさい。なお，ことばの順番は問いません。 （3点×2）

> 水路のはばを広げ，かたむきをゆるやかにすることで，水路を流れる水が太陽の光にあたる（　**ア**　）と（　**イ**　）を増やしている。

（2） 八幡平市やにかほ市で，このような温水路を作り，水温を上げる工夫をしているのはなぜですか。前のページの**資料3**と，下の**資料4**，**資料5**からわかることをもとに説明しなさい。 （10点）

資料4【八幡平市松川（古川橋）における月別の平均水位 (※1)】（2018年〜2020年）

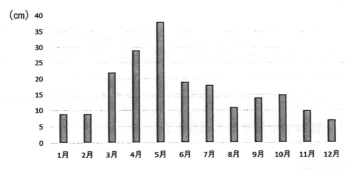

※1 水位とは，ある面を基準としたときの水面の高さのこと。
※2 古川橋観測所は，温水路と同じ水源である松川の観測データを集めている地点。

（岩手県河川情報システム　松川（古川橋観測所 (※2)）観測データより作成）

資料5【八幡平市松川（古川橋）における各月の平均水温】（2018年〜2020年）

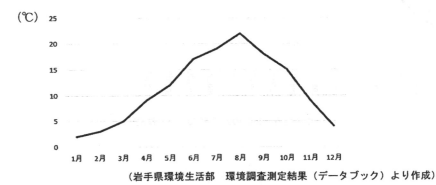

（岩手県環境生活部　環境調査測定結果（データブック）より作成）

こうたさんは，毎日の生活に欠かすことのできない水道のしくみについて調べたいと考え，市役所を訪れました。

　こうたさんは，市役所の水道課の佐藤さんと，次のような会話をしました。

こうた：今日はお時間をとっていただき，ありがとうございます。

佐　藤：水道に興味をもってくれてありがとうございます。どんな質問がありますか。

こうた：先日，自宅の近所で水道管の工事がありました。工事の間は水道が使えなくて，困りました。なぜ，水道管の工事が必要なのですか。

佐　藤：それは，古くなった水道管を交換（こうかん）する必要があるからです。一般的（いっぱん）に，水道管が使用可能な年数は40年といわれていて，設置してから40年をこえた水道管は劣化（れっか）により破損する可能性が高くなり，交換が必要になります。水道管を交換する作業のことを，更新（こうしん）作業といいます。

こうた：水道管が壊（こわ）れて水がふき出している映像（えいぞう）をニュースで見たことがあります。壊れる前に，新しい水道管に更新することが大切なのですね。

佐　藤：そうなんです。でも今，全国的にとても困っていることがあります。

こうた：それはどんなことですか。

佐　藤：私たちはみなさんが安心して生活できるように，B水道管の更新作業を進めているのですが，近年，使用可能な年数をこえた水道管の割合（わりあい）がなかなか減らないのです。

　佐藤さんは，次の資料６，資料７を見せてくれました。

資料６【日本の水道普及（ふきゅう）率】

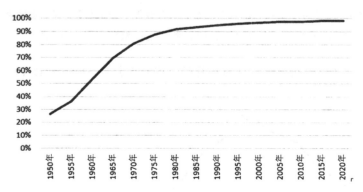

（厚生労働省「日本の水道 2020」より作成）

資料7 【耐用年数(※)をこえた水道管の割合と全体の水道管のうち更新された
　　　　水道管の割合（更新率）】

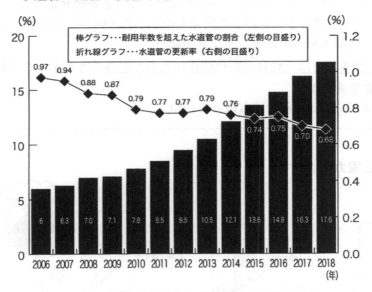

※耐用年数とは，使用可能な年数のこと。

（産経新聞デジタル版（2021年11月5日）をもとに作成）

問題3　　次の（1），（2）の問いに答えなさい。

（1）　百分率の1％は，小数では0.01，分数では$\frac{1}{100}$と表されます。2018年の水道
　　　更新率の0.68％を，分数で表しなさい。なお，約分ができる場合は約分して答
　　　えること。　　　　　　　　　　　　　　　　　　　　　　　　　　　　（6点）

（2）　下線部Bについて，近年，水道管の更新が行われても，耐用年数をこえた水
　　　道管の割合がなかなか減らないのはなぜだと考えられますか。会話文中の**佐藤
　　　さんのことば**と，**資料6，7**からわかることをもとに説明しなさい。（10点）

レポートのまとめに向けて，あいさんとこうたさんは，次のような会話をしました。

あ　い：水について調べてみたけど，みんなにどんなことを伝えようか。
こうた：僕は，「水を守ろう」という意識をもつことの大切さを伝えたいな。
あ　い：例えば，節水を心がけることなどかな。
こうた：c節水することは，地球温暖化防止にもつながるそうだよ。この**資料8**，
　　　　資料9を見てよ。
あ　い：なるほど，ぜひみんなにも伝えたいね。

資料8【水と電力について】

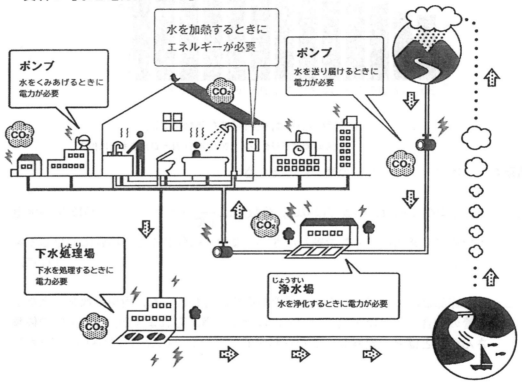

（TOTOホームページより引用）

※資料の中の「 CO₂ 」は，二酸化炭素の発生を表しています。

資料9【温室効果ガスの排出について】

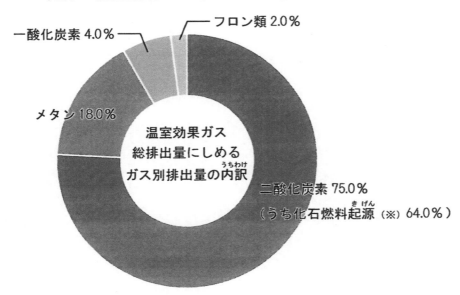

フロン類 2.0％

一酸化炭素 4.0％

メタン 18.0％

温室効果ガス
総排出量にしめる
ガス別排出量の内訳

二酸化炭素 75.0％
（うち化石燃料起源（※） 64.0％）

※ 化石燃料起源とは，発電などで，化石燃料を燃焼させることで発生する
　二酸化炭素のこと。

（全国地球温暖化防止活動推進センターＨＰより作成）

問題4　　下線部Ｃについて，節水が地球温暖化防止につながるといえるのはなぜですか。**資料8**と**資料9**からわかることをもとに説明しなさい。　　（10点）

K 教英出版

問題4　下線部Eについて，**図1**は正午にペットボトルとかげの位置を記録した結果です。また，**図2**は，正午の南の空の写真です。

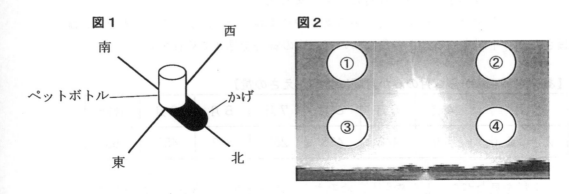

図1　　　　　　　　　　図2

　図2において，午後3時の太陽の位置は①～④のどの位置になると考えられますか。番号を書きなさい。また，午後3時のペットボトルのかげのようすとして正しいものを，次の**ア**～**エ**の中から1つ選び，その記号を書きなさい。

（8点）

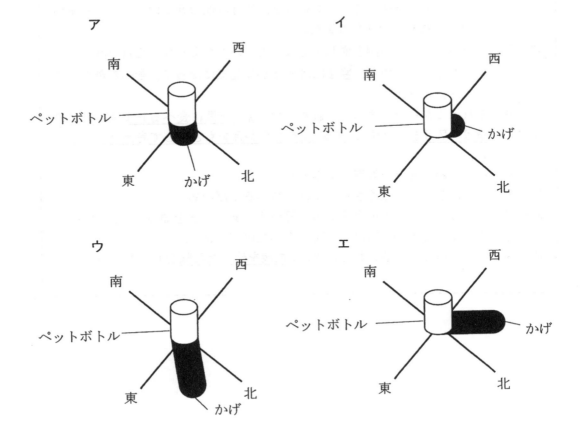

ア

イ

ウ

エ

－ 8 －

2 修学旅行へ出発

銀河小学校の6年生が，修学旅行に出発しました。
　初めに牧場を訪れた6年生は，「牛のえさやり体験」を行いました。そのとき，飼育員さんが，牛が食べるえさの量について，次の資料を見せてくれました。

【ある牛が4月から9月の6か月間に食べたえさの量】

月	4月	5月	6月	7月	8月	9月	合計
えさの量（kg）	469	448	436	250	442	455	2500

　この資料を見ながら，ともやさん，ゆみさん，はるとさんの3人が，飼育員さんと次のような会話をしました。

> ともや：半年で2500kgも食べたんだね。
>
> ゆ　み：ということは，1年間だと，その倍でおよそ5000kg食べると考えられるね。
>
> はると：でも，ちょっと待って。よく見ると，7月は他の月に比べて食べた量が少ないけれど，なぜなのかな。
>
> 飼育員：この牛は7月に体調を崩してしまって，いつもより食べる量が減ってしまったんだよ。でも，翌月にはすっかり元気になって，食べる量も元にもどったんだよ。
>
> ともや：それはよかったですね。それならば，A 1年間に食べるおよそのえさの量は，7月を入れずに，それ以外の5か月をもとにして考えた方がいいね。
>
> ゆ　み：そうだね。あとで計算してみるね。
>
> はると：それにしても，たくさんのえさを食べるんだなあ。
>
> 飼育員：牛には，えさを消化するために胃が4つあることを知っていますか。
>
> ともや：そうなんですか。私たち人間は1つだけですよね。
>
> ゆ　み：学校で消化の学習をしたとき，Bだ液を使った実験をしたことがあったね。

３人は，理科の授業で，だ液にはどのようなはたらきがあるのかを調べるために，次のような実験を行ったことを思い出しました。

【実験方法】
1　ご飯つぶを湯にもみ出して，[ア]と[イ]の試験管に入れる。（図１）
2　[イ]だけに，だ液を少量入れる。（図２）
3　[ア]と[イ]を湯の入ったビーカーで，10分間ぐらいあたためる。（図３）
4　[ア]と[イ]にうすいヨウ素液を入れる。（図４）

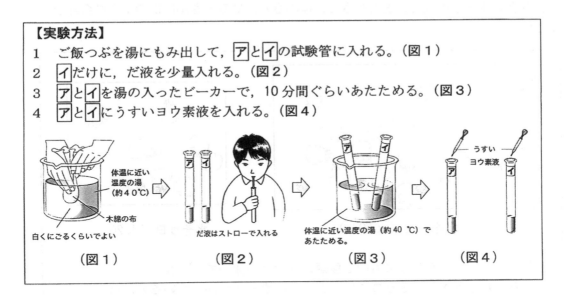

体温に近い
温度の湯
（約40℃）

木綿の布

白くにごるくらいでよい

（図１）

だ液はストローで入れる

（図２）

体温に近い温度の湯（約40℃）で
あたためる。

（図３）

うすい
ヨウ素液

（図４）

　実験の結果は，次のようになりました。

【実験の結果】

[ア]の試験管の液	青むらさき色に変化した
[イ]の試験管の液	色の変化なし

問題１　次の（１），（２）の問いに答えなさい。

（１）　下線部Aのようにして，この牛が１年間で食べるおよそのえさの量は何 kg に
　　　なるか答えなさい。　　　　　　　　　　　　　　　　　　　　　　（８点）

（２）　下線部Bについて，【実験の結果】から，だ液にはどのようなはたらきがある
　　　ことがわかるか説明しなさい。　　　　　　　　　　　　　　　　　（８点）

銀河小学校の6年生は，水族館に到着しました。

クラゲの水そうの前で，ともやさん，ゆみさん，はるとさんは次のような会話をしました。

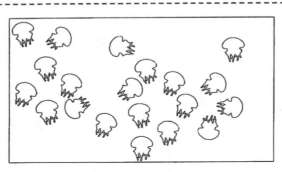

水そうA（水50L）

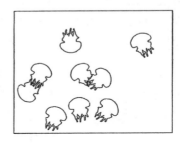

水そうB（水20L）

ともや：どちらの水そうにも同じ種類のクラゲが泳いでいるね。

ゆ　み：水そうAと水そうBでは，どちらの水そうが混んでいるのかな。

はると：C水1Lあたりのクラゲの数と，Dクラゲ1ぴきあたりの水のかさを調べて，どちらが混んでいるか確かめてみよう。

ゆみさんは，下線部Cについて，水1Lあたりのクラゲの数で混みぐあいを比べてみました。

【ゆみさんの説明】

> 水1Lあたりのクラゲの数で混みぐあいを調べます。
>   水そうAは，20÷50＝0.4　（ひき）
>   水そうBは，　9÷20＝0.45（ひき）
> 1Lあたりのクラゲの数は水そうBの方が多いので，水そうBの方が混んでいることがわかります。

問題2　　下線部Dについて，クラゲ1ぴきあたりの水のかさで混みぐあいを比べると，どのような説明になりますか。【ゆみさんの説明】を参考にして説明しなさい。

(10点)

銀河小学校の6年生は, 鍾乳洞に到着しました。
鍾乳洞についての説明を読み, ともやさん, ゆみさん, はるとさんは次のような会話をしました。

【鍾乳洞についての説明】
　鍾乳洞は, 石灰岩の大地にできる洞窟です。何千万年という長い年月をかけて, 石灰岩が大地の割れ目からしみこんだ雨水に徐々にとかされてできました。

ともや：つららのようなものが洞窟の天井からたれ下がっているよ。
ゆ　み：それは「つらら石」といって, とけた石灰岩が再び結晶化してできたそうだよ。
はると：E 1年間でたったの0.2 mm ぐらいずつしか伸びないみたいだよ。
ともや：おどろいた。そんなに少しずつしか長くならないんだね。
ゆ　み：あそこにある「つらら石」は長いね。1 m ぐらいあるんじゃないかな。
はると：本当だね。一体何年くらいかけて成長したんだろう。

さらに洞窟のおくへと進んでいくと, 地底湖が見える場所に到着しました。

ともや：この地底湖の水は, 昔から飲み水としても使われているそうだよ。
ゆ　み：こんなにきれいで透き通っているんだから, きっとおいしい水だね。
はると：でも, 透明ということだけでは, 飲める水とは判断できないそうだよ。
ともや：見た目はただの水のように見える液体でも, 何かが水にとけている可能性があるからね。
ゆ　み：理科で水溶液について学習したね。固体だけではなく, 気体がとけている水溶液もあったね。
はると：そうだね。例えば, F 炭酸水には気体がとけていたよ。

問題3　次の（1）,（2）の問いに答えなさい。

（1）　下線部Eについて, 1年に0.2 mm の速さで成長する「つらら石」が, 1 m の長さに成長するには, およそ何年かかるか答えなさい。　　　　（6点）

（2）　下線部Fについて, 炭酸水にとけている気体と同じ気体を発生させる方法として考えられるものを, 炭酸水を用いない方法で2つ答えなさい。　　　（8点）

銀河小学校の6年生は，遊園地に到着しました。

いろいろな乗り物に乗り，まもなく集合時刻になるころ，ともやさん，ゆみさん，はるとさんは，次のような会話をしました。

ともや：もうすぐ集合時刻だね。最後に，観覧車に乗りたいな。

ゆ　み：集合時刻は3時だけど，観覧車に乗っても間に合うかな。今ならならんでいる人はいないみたいだけど。

はると：集合時刻の3時まであと15分あるから，間に合うんじゃないかな。

ともや：ここから観覧車までは2分で着くよ。観覧車と集合場所はすぐ近くだから1分で移動できるね。

ゆ　み：観覧車のゴンドラが一周するのにかかる時間が分かれば，間に合うかどうかが分かるね。

はると：観覧車の直径は80mで，ゴンドラの動く速さは秒速30cmだそうだよ。

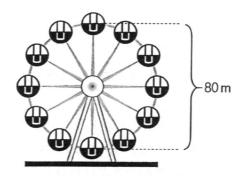

80m

問題4　　3人が観覧車に乗った場合，集合時刻に間に合うかどうか，次のア，イから1つ選び，その記号を書きなさい。また，選んだ理由を説明しなさい。なお，説明でつかう円周率は3.14とすること。　　　　　　　　　　(10点)

ア　間に合う

イ　間に合わない

K 教英出版

令和４年度

岩手県立一関第一高等学校附属中学校入学者選抜

本検査「適性検査Ⅰ」

問題用紙

【９：30 ～ 10：05】（35分）

（注意）

1　指示があるまで，この問題用紙を開いてはいけません。
2　問題は１から２までで，全部で14ページです。
3　答えは，すべて解答用紙に書きなさい。ただし，解答用紙の※印のところには，何も書いてはいけません。
4　答えは，数・式・図・言葉などで書くようになっています。問題をよく読んで，定められたとおりに書きなさい。
5　計算などは，問題用紙の空いているところを使いなさい。
6　印刷がはっきりしないときや筆記用具を落としたときなどは，だまって手をあげなさい。
7　答えは，濃くはっきり書きなさい。また，消すときは，消しゴムできれいに消しなさい。はっきりしない答えの場合，誤りになることもあります。
8　問題などは，声に出して読んではいけません。
9　時間内に終わっても，そのまま着席していなさい。
10　「やめなさい」の指示があったら，すぐに解答するのをやめて，解答用紙を机の中央に置きなさい。

受検番号

1 球技大会に向けた活動

　銀河中学校の生徒会執行部は，学年間の交流を目的として球技大会を開催することにしました。執行部のメンバーであるこうたさん，はやとさん，かれんさんは，種目を決めるために話し合い，次のような会話をしました。

こうた：当日行う３種目のうち，サッカーとドッジボールは決まりだね。あと
　　　　１種目を何にしようか。
はやと：準備のことも考えると，バスケットボールがいいんじゃないかな。他に
　　　　もバレーボール，卓球，ソフトボールをやりたいっていう意見もよく
　　　　聞くよね。
かれん：では，執行部としてはバスケットボールを行いたいと提案して，反対の
　　　　場合はどの種目がいいかを答えてもらうようなアンケートを作って，み
　　　　んなの意見を調べてみよう。

　執行部は次のようなアンケートを行いました。

球技大会種目アンケート

生徒会執行部

　球技大会で行う３種目のうち，サッカーとドッジボールの２種目が決まりました。

【項目１】球技大会の残り１種目をバスケットボールとして提案します。
　　　　　賛成，反対のどちらかに〇をつけて下さい。

賛成　　　　　　　　反対

【項目２】項目１で「反対」に〇をつけた人は，何の種目を行いたいか，
　　　　　次の３つの内から１つ選んで〇をつけて下さい。

バレーボール　　　　卓球　　　　ソフトボール

アンケートへのご協力ありがとうございました。

執行部の3人は，アンケートの集計結果を見ながら次のような会話をしました。

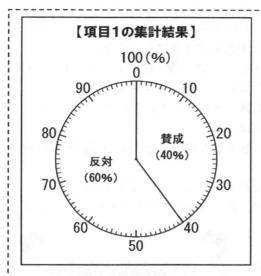

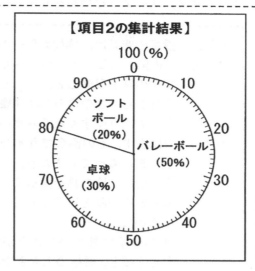

はやと：項目1のバスケットボールに賛成という意見は全体の40%だから，反対多数でバスケットボールではなくなってしまったね。

こうた：項目2の集計結果を見ると，反対意見の中ではバレーボールが一番多いね。ということは，3種目はバレーボールに決定かな。

かれん：ちょっと待って。あくまでバスケットボールに反対している人の中でバレーボールが一番多いのであって，全体でみるとバスケットボールに賛成の人の割合の方が多くなるかもしれないよ。

はやと：なるほど。じゃあ，バレーボール，卓球，ソフトボールをしたい人は，それぞれ全体の何%なのかがわかるような円グラフに表してみよう。

執行部の3人は，A項目1と項目2の集計結果を合わせて，バスケットボール，バレーボール，卓球，ソフトボールの割合を1つのグラフで表してみました。

こうた：このグラフをみると，全体ではバスケットボールを希望している人の割合が1番高いという考え方もできそうだね。

かれん：これからもアンケートをとるときには，質問の内容や集計結果のあつかい方に気を付けなければいけないね。

問題1　下線部Aについて，バスケットボール，バレーボール，卓球，ソフトボールの割合を表す円グラフをかきなさい。　　　　　　　　　　（12点）

執行部の３人は，球技大会のスローガンが書かれた看板を作り，体育館に掲示しようと考え，次のような会話をしました。

かれん：看板の背景は，学校カラーのうすむらさき色にしようよ。

はやと：この前，試しに色をつくってみたら，「**赤：青：白＝２：３：４**」の割合で絵の具を混ぜると，ちょうどよいうすむらさき色ができたよ。

こうた：それから，この絵の具は「**絵の具：水＝３：１**」の割合で水と混ぜるととてもぬりやすくなるみたいだよ。

かれん：ではまず，その割合でうすむらさき色の絵の具をつくって，看板の背景を一気にぬってしまおう。

はやと：その前に，絵の具を買ってこなきゃいけないよ。１本 18 mL のチューブ入りの絵の具を買うとして，赤，青，白の絵の具がそれぞれ何本必要になるかな。

こうた：１本の絵の具でぬることができる面積と，看板の大きさを考えると，B絵の具と水を合わせて 300 mL 準備すれば十分間に合うんじゃないかな。

かれん：では，必要な本数を計算してみよう。

問題２　　下線部Ｂのように，絵の具と水を合わせて 300 mL つくるとき，次の（１），（２）の問いに答えなさい。

（１）　水は何 mL 必要か答えなさい。　　　　　　　　　　　　　　　　　　（６点）

（２）　１本 18 mL のチューブ入りの赤，青，白の絵の具は，それぞれ最低何本必要か答えなさい。　　　　　　　　　　　　　　　　　　　　　　　　　　　　（８点）

執行部の3人は，球技大会のドッジボールの進め方について話し合い，次のような会話をしました。

> こうた：ドッジボールでは，6学級をそれぞれ2チームずつに分けて，学校全体で12チームをつくって対戦するようにしよう。
>
> かれん：チーム数が多いから，3チームずつのグループをつくって予選リーグをして，各グループの1位で決勝トーナメントをするのはどうだろう。
>
> はやと：いい考えだね。試合時間はどうしようか。
>
> こうた：予選リーグは1試合5分にしよう。決勝トーナメントはもり上がると思うから，1試合7分にしようよ。
>
> かれん：いいね。ドッジボールコートは体育館に2面とることができるから，同時に2試合ずつ進行できるよ。決勝と3位決定戦も同時にできるね。
>
> はやと：試合と試合の間の時間ってどれくらいとることができるかな。学級の入れかえがあるから，ある程度必要だと思うよ。
>
> こうた：ちょっと待ってね。ドッジボールに使える時間はちょうど1時間だから，入れかえ1回あたり，最大で□分□□秒とれるよ。
>
> かれん：そのくらいの時間があれば，ゆとりをもって入れかえができそうだね。

【予選リーグ】

A～Lの12チームを3チームずつ4つのリーグに分けて対戦する。

第1リーグ 　第2リーグ 　第3リーグ　第4リーグ

【決勝トーナメント】

各リーグの1位が対戦し，勝者は決勝戦，敗者は3位決定戦を行う。

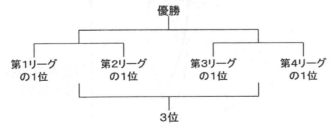

問題3　会話文中の□分□□秒に入る数を答えなさい。ただし，□の中には0から9までの整数を記入するものとし，10秒未満の場合は，十の位に0を記入すること。(例) 1秒 → [0][1]秒　　　　　(12点)

翌週の月曜日に球技大会をひかえた金曜日の放課後，執行部の3人は天気について次のような会話をしました。

> かれん：今，台風が近づいてきているんだよね。月曜日の天気は大丈夫かな。
> こうた：大丈夫。日曜日には台風はすっかりぬけて，晴れるらしいよ。
> はやと：よかった。そういえば，c ぼくたちの住んでいる地域は特に風の被害に注意が必要って天気予報で言っていたよ。
> かれん：なぜそういう予報になるんだろう。
> こうた：台風による被害を予想するとき，台風そのものの規模はもちろん大事だけど，実は進路もとても重要らしいよ。
> はやと：それ，聞いたことがある。台風はうずを巻いていて，時計と反対回りに強い風が吹いているんだって。だから，台風の進行方向と風の回転方向が一致する側では特に強い風が吹くらしいよ。
> かれん：そういうことか。自分のいる場所に対して台風がどのように進むかで，被害の予想は変わるんだね。

問題4　下線部Cについて，天気予報で発表された台風の予想進路は，図のア～エのどれだと考えられますか。会話文を参考にして1つ選び，記号で答えなさい。また，その進路を選んだ理由を答えなさい。　　　　　　　（12点）

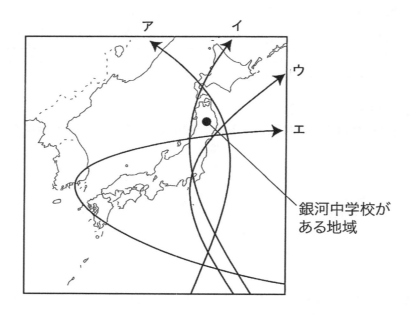

銀河中学校がある地域

問題は次のページへ続きます

② 天文クラブの活動

みつるさんとひなたさんは，地域の天文クラブに入っています。
この天文クラブでは，毎月1回，「星空観測会」を行っています。
2人は，7月22日に行われた「星空観測会」に参加し，指導員の方と次のような会話をしました。

ひなた：だんだん暗くなってきたね。
みつる：あっ，ᴀ東の空に月がのぼってきたぞ。
ひなた：月の大きさって，どれくらいあるのかな？
指導員：月の直径は約3500km です。ちなみに地球の直径は約13000km，太陽の直径は約1400000km ですよ。
みつる：大きすぎてイメージがわかないね。
指導員：身の回りにある球におきかえて考えてみたらどうかな。仮に，地球を直径1cm のビー玉だとすると，太陽は直径が約107.7cm の球と考えられますよ。
ひなた：確か，運動会で使った大玉の直径が110cm だったね。
みつる：そう考えると，イメージしやすいね。
ひなた：同じように，地球を ① だとすると，月は ② と考えられるね。

問題1　次の（1），（2）の問いに答えなさい。

（1）　下線部Aについて，太陽が西にしずんだとほぼ同時に，月が東の空へのぼってきました。
　　このときに見えた月の形に最も近いものはどれですか。次のア～オの中から1つ選び，その記号を書きなさい。　　　　　　　　　　（6点）

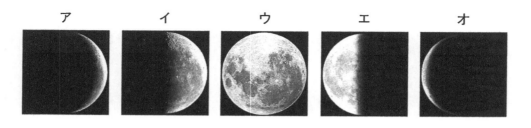

令和４年度

岩手県立一関第一高等学校附属中学校入学者選抜

本検査「適性検査Ⅱ」

問題用紙

【10：30 ～ 11：05】（35分）

（注意）

1　指示があるまで，この問題用紙を開いてはいけません。

2　問題は ⓵ から ⓶ までで，全部で18ページです。

3　答えは，すべて解答用紙に書きなさい。ただし，解答用紙の※印のところには，何も書いてはいけません。

4　答えは，数・式・図・言葉などで書くようになっています。問題をよく読んで，定められたとおりに書きなさい。

5　計算などは，問題用紙の空いているところを使いなさい。

6　印刷がはっきりしないときや筆記用具を落としたときなどは，だまって手をあげなさい。

7　答えは，濃くはっきり書きなさい。また，消すときは，消しゴムできれいに消しなさい。はっきりしない答えの場合，誤りになることもあります。

8　問題などは，声に出して読んではいけません。

9　時間内に終わっても，そのまま着席していなさい。

10　「やめなさい」の指示があったら，すぐに解答するのをやめて，解答用紙を机の中央に置きなさい。

受検番号

1 世界遺産

　岩手県の一戸町にある御所野遺跡が，令和３年７月，世界遺産に登録されたことについて，しずかさんは父親と次のような会話をしました。

しずか：一戸町の御所野遺跡が世界遺産に登録されたね。

父　　親：そうだね。「北海道・北東北の縄文遺跡群」として，御所野遺跡をふくむ17か所の縄文時代の遺跡が世界遺産に登録されたんだ。

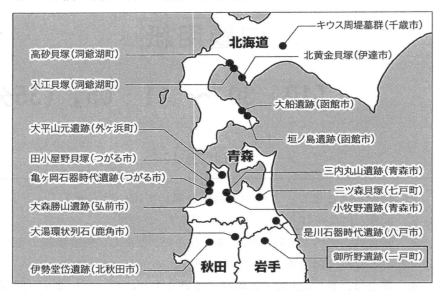

（「世界遺産　北海道・北東北の縄文遺跡群」ＨＰの資料より作成）

父　　親：御所野遺跡は，約５千年前からおよそ800年間続いた集落の跡地だそうだよ。

しずか：A縄文時代は，どんな生活をしていたのかな。

父　　親：今度，見学に行ってみよう。

しずか：ところで，御所野遺跡の場所を地図で調べていたら，同じくらいの緯度にB白神山地という世界遺産があることに気づいたよ。

父　　親：ブナの原生林で有名な世界遺産だね。

しずか：世界遺産について，もっと調べてみたいな。

資料1【縄文時代より前のくらしの特徴】

・ナウマンゾウなどの大型の動物の狩りをしていた。
・自然に生えている植物を探しながらとって食べていた。
・洞穴などに住み，植物や動物を求めて移動しながら生活していた。
・石を打ち欠いて作られた石器を用いていた。

(高根沢町図書館「高根沢町史　通史編Ⅰ」より)

資料2【縄文時代のくらしの特徴】

・地面を掘りこんで柱を建て，草や木の皮を屋根にしたたて穴住居に住んでいた。
・たて穴住居の周りには，クリ，トチノキ，クルミなどの木がたくさん生えていた。
・大型の動物はみられなくなり，イノシシやウサギなどの小動物の狩りをしていた。
・粘土を材料にして土器を作り，食べ物をにたり焼いたり，たくわえたりする道具として使用していた。

(一戸町HPより)

問題1　下線部Aについて，縄文時代の生活は，それ以前の生活と比べてどのような変化があったのか，**資料1**，**資料2**からわかることとして正しいものはどれですか。次の**ア～エ**から適切なものを**すべて**選び，その記号を書きなさい。
(8点)

　　ア　食べられる実のなる木の近くに住むようになった。

　　イ　小動物の狩りをして食べるようになり，自然に生えている植物はとらなくなった。

　　ウ　食べ物の調理や保存に土器を使用するようになった。

　　エ　大型の動物の攻撃から身を守るため，周りに木のある場所を選んで住むようになった。

1ページの下線部Bについて，しずかさんは，次の**資料3**を見つけました。

資料3【白神山地の位置と面積】

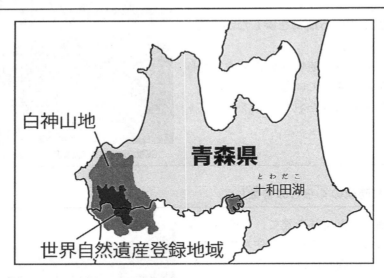

白神山地は，青森県南西部から秋田県北西部の青森・秋田県境を中心とした広大な山岳地帯の総称です。白神山地全体の面積は青森，秋田両県あわせて約1300km²で，そのうち，ブナの原生林が広がる約169km²の地域が世界遺産に登録されています。また，世界遺産登録地域の74.4％が青森県側にあり，残りは秋田県側にあります。

（環境省　世界自然遺産　白神山地マップをもとに作成）

問題2　青森県側にある世界遺産登録地域の面積は，約何km²か答えなさい。ただし，答えは四捨五入して**整数**で答えなさい。　　　（8点）

問題は次のページへ続きます

しずかさんは，父親と次のような会話をしました。

しずか：世界では1000以上もの文化や自然の遺産が，世界遺産に登録されているんだって。

父　親：これらの遺産を守っていくために，様々な取り組みがなされているよ。例えば，c2013年に世界遺産に登録された富士山では，その景観※を守るために，**資料4**のような取り組みを進めているんだ。

しずか：そういえば，岩手県にある岩手山は，「岩手富士」や「南部片富士」とも呼ばれているよね。岩手山も，ずっと美しい山であってほしいね。

父　親：富士山と岩手山の共通点を知っているかい。**資料5**を見てごらん。2つの山のふもとの地域では，このような防災マップが作成されているんだ。

しずか：私たちが自然と共生していくために，「そなえる」ことが大切だね。

父　親：他にも，2011年に世界遺産に登録されたD小笠原諸島では，固有の生きものたちを保護するために，様々な取り組みを行っているよ。

※景観…景色や風景

資料4【山梨県富士吉田市「良好な景観形成に関する方針」による取り組み例】

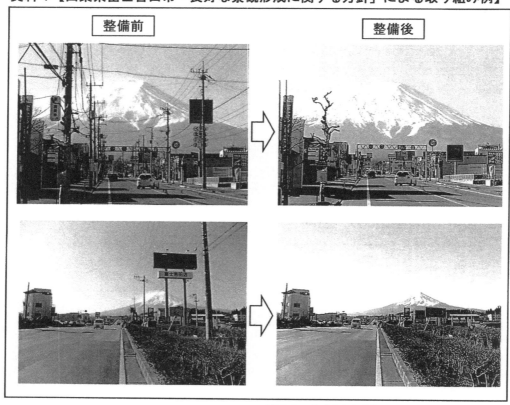

（富士吉田市「良好な景観形成に関する方針」より）

資料5【防災マップの注意事項の一部】

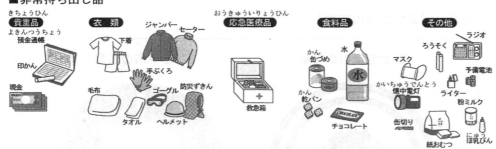

避難に備えて準備しましょう。

■非常持ち出し品

| 貴重品 | 衣類 | 応急医療品 | 食料品 | その他 |

貴重品：預金通帳、印かん、現金

衣類：ジャンパー、セーター、下着、手ぶくろ、毛布、ゴーグル、防災ずきん、タオル、ヘルメット

応急医療品：救急箱

食料品：缶づめ、乾パン、水、チョコレート、缶切り、マスク、懐中電灯、ライター、粉ミルク、にゅうびん

その他：ラジオ、ろうそく、予備電池、紙おむつ

避難する場合は、以下に注意しましょう。

■忘れてませんか？
1．戸締り、電気、ガスの元栓を確認しましょう。
2．貴重品は忘れずに持参しましょう。
3．非常持ちだし品を確認しましょう。
4．外出中の家族のために、避難先を書いたメモを残しましょう。

■避難する場合は・・・
1．市役所や消防団などの指示に従い、落ちついて行動しましょう。
2．お年寄り、赤ちゃんのいる人、体の不自由な人、外国人などの
　避難を助けましょう。
3．小石が降ってくることがあるのでヘルメットなどで頭を守りましょう。
　また灰を吸い込まないようにマスクやゴーグルをつけましょう。
4．くぼ地には有毒ガスがたまりやすいので、近づかないようにしましょう。

■避難場所では・・・
1．人数を確認し、逃げ遅れた人がいないか確認しましょう。
2．お互いに助け合いましょう。
3．ラジオやテレビ、防災無線などの情報に注意しましょう。

（ヘルメット、ゴーグル、マスク、リュックサック、長袖の上着、手袋、長ズボン、運動靴）

（内閣府ＨＰ防災情報のページより）

問題3　　次の（1），（2）の問いに答えなさい。

（1）　下線部Cについて，**資料4**にある整備前と整備後の写真を比較して，富士山の景観を守るために，具体的にどのような取り組みがされていると考えられるか書きなさい。　　　　　　　　　　　　　　　　　　　　　　　　　　（10点）

（2）　**資料5**は，富士山のふもとの地域で利用されている防災マップの注意事項の一部です。この防災マップは，どのような災害に備えて作られたものと考えられるか書きなさい。また，そのように考えられる理由を，**資料5**からわかることをもとに書きなさい。　　　　　　　　　　　　　　　　　　　　（8点）

しずかさんは，富士山のふもとにある富士吉田市の市章※と，岩手山のふもとにある八幡平市の市章のデザインについて，共通する特徴があることに気づきました。

※市章…市のマーク

資料６【２つの市の市章】

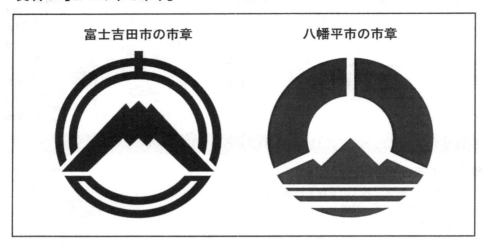

富士吉田市の市章 　　　八幡平市の市章

問題４　　２つの市の市章のデザインには，どのような共通する特徴がありますか。「形が丸い」のような，円に関すること以外に，２つ書きなさい。（８点）

問題は次のページへ続きます

しずかさんは，5ページの下線部Dについて興味をもち，調べたところ，次の**資料7**を見つけました。

資料7【小笠原諸島の課題】

　1830年に小笠原に人が住み始めると，小笠原の外から，本来小笠原にはいない生きもの（外来種）が持ちこまれるようになりました。

　外来種は，荷物にまぎれてやってきたり，食用やペットとして持ちこまれたりした後，野生化し，固有の生きものを食べたり，すみかをうばったりして，小笠原本来の，生きものと自然との関係（生態系）を変化させました。

　小笠原固有の生きものの多くは，こうした外来種から身を守ることができず，大きな影響を受けています。

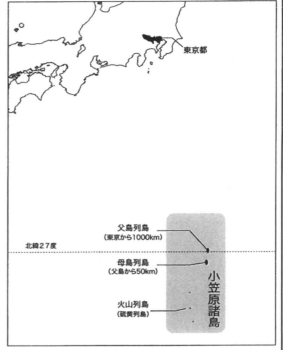

東京都

父島列島
（東京から1000km）

北緯27度

母島列島
（父島から50km）

火山列島
（硫黄列島）

小笠原諸島

　外来種であるノヤギは，かつて人間により食用として持ちこまれました。植物を食べつくしたり，土をふみつけて地表をむき出しにしたりして，植物の生え方や生態系全体に大きな影響を与えています。

　また，ノヤギによって荒らされた地域では，雨などで流れやすくなった土が海へ流れ出し，サンゴ礁などの海の生態系にも大きな影響が及んでいます。

ノヤギ

土が流れ出た様子

（小笠原自然情報センターHPより作成）

令和四年度

岩手県立一関第一高等学校附属中学校入学者選抜

本検査「適性検査Ⅲ（作文）」

問題用紙

【十一時三十分～十二時〇〇分】（三十分）

（注意）

一　指示があるまで、この問題用紙を開いてはいけません。

二　問題用紙と解答用紙はそれぞれ一部ずつあります。

三　解答用紙の※印のところには、何も書いてはいけません。

四　印刷がはっきりしないときや筆記用具を落としたときなどは、だまって手を
　　あげなさい。

五　答えは、濃くはっきり書きなさい。また、消すときは、消しゴムできれいに
　　消しなさい。はっきりしない答えの場合、誤りになることもあります。

六　問題などは、声に出して読んではいけません。

七　時間内に終わっても、そのまま着席していなさい。

八　「やめなさい」の指示があったら、すぐに解答するのをやめて、解答用紙を
　　机の中央に置きなさい。

※本検査「適性検査Ⅲ　放送を聞いて答える問題」は非公表です。

受　検　番　号

次の資料を読み、あとの問題に答えなさい。

左のグラフは、学校での学習の様子について中学二年生に調査した結果の一部です。

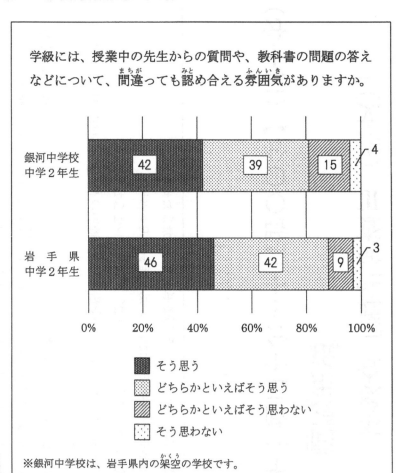

学級には、授業中の先生からの質問や、教科書の問題の答えなどについて、間違っても認め合える雰囲気がありますか。

銀河中学校
中学2年生 | 42 | 39 | 15 | 4

岩手県
中学2年生 | 46 | 42 | 9 | 3

0%　20%　40%　60%　80%　100%

■ そう思う
▨ どちらかといえばそう思う
▨ どちらかといえばそう思わない
▨ そう思わない

※銀河中学校は、岩手県内の架空の学校です。

（令和２年度　岩手県小・中学校学習定着状況調査をもとに作成）

【投書の一部】

先日の調査で、銀河中学校では約八割の人が「認め合える雰囲気がある」と答えていますが、逆に、約二割の人が「そうではない」と感じているようです。これは、県全体の割合よりも多いです。

（中略）

「間違えたら冷やかされるのではないか」など、安心して発言できないと感じている人の割合を、みんなの力で減らしていきませんか。そうすれば、学習面だけでなく、生活面でも、もっとよい学校になると思います。

このグラフを、銀河中学校の新聞委員会が発行している「銀河新聞」に掲載したところ、後日、生徒から次のような投書がありました。

令和４年度　岩手県立一関第一高等学校附属中学校入学者選抜

適 性 検 査Ⅰ・Ⅱ

解答用紙

受検番号	氏　　名

令和４年度　岩手県立一関第一高等学校附属中学校入学者選抜　本検査「適性検査Ⅰ」

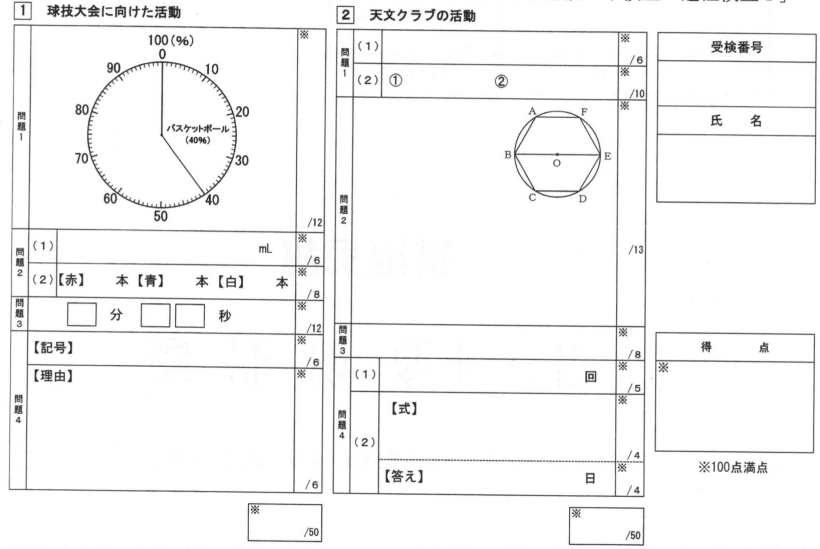

1 球技大会に向けた活動

問題1

100(%)
0
90
10
80
20
70
30
60
40
50

バスケットボール
(40%)

※ /12

問題2

(1) 　　　　　　　　　　　　　　　mL　　　※ /6

(2) 【赤】　　本【青】　　本【白】　　本　　※ /8

問題3　　□ 分 □ □ 秒　　※ /12

問題4

【記号】　　※ /6

【理由】

※ /6

※ /50

2 天文クラブの活動

問題1

(1)　　　　　　　　　　　　　　　　　　※ /6

(2) ①　　　　　②　　　　　　　　　　　※ /10

問題2

A　F
B　　O　　E
C　D

※ /13

問題3　　　　　　　　　　　　　　　　　※ /8

問題4

(1)　　　　　　　　　　　　　　回　　　※ /5

(2) 【式】

※ /4

【答え】　　　　　　　　　　日　　　※ /4

※ /50

受検番号

氏　名

得　点
※

※100点満点

令和四年度
岩手県立一関第一高等学校附属中学校
入学者選抜

本検査「適性検査Ⅲ（作文）」

受検番号

氏　　名

得　　点
※

※60点満点

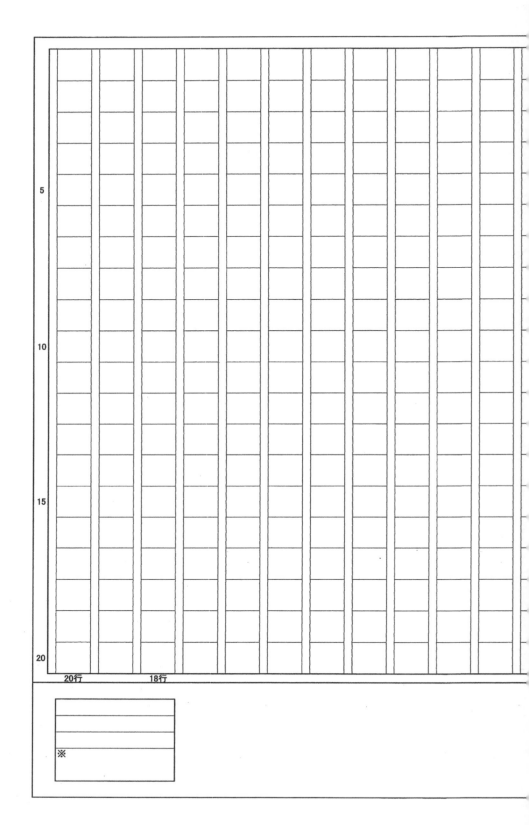

令和４年度　岩手県立一関第一高等学校附属中学校入学者選抜　本検査「適性検査Ⅱ」

受検番号

氏　名

得　点

※

※100点満点

---

1 世界遺産

問題1	※	/8
問題2	km² ※	/8
問題3	（1） ※	/10
	（2）[災害] [わけ] ※	/8
問題4	※	/8
問題5	※	/8

※ /50

---

2 農業体験学習

問題1	（1） ※	/6
	（2）ア　イ　ウ　エ　戸 ※	/12
問題2	※	/10
問題3	※	/10
問題4	（1） ※	/6
	（2） ※	/6

※ /50

2022(R4) 一関第一高附属中
K教英出版

【解答用

問題　〈記述の条件〉に合わせて、あなたの考えを書きなさい。

〈記述の条件〉

①　次の二点について、あなたの考えを書くこと。

> ・　間違っても認め合える雰囲気があることで、学習面と生活面をれぞれにどのようなよいことがあると思うか書きなさい。
> ・　間違っても認め合える雰囲気を作るためにあなたがしていきたいことについて、具体的な行動の例をあげて書きなさい。

②　段落のまとまりに気をつけて書き、文章全体を二段落以上で構成すること。

③　原こう用紙の正しい使い方にしたがって書くこと。

④　十八行以上二十行以内で書くこと。

しずかさんは，**資料7**を見ながら，父親と次のような会話をしました。

しずか：小笠原諸島では，固有の生きものが絶滅の危機にさらされている例があるそうだよ。

父　親：**資料7**を見ると，ノヤギが生態系に与えた影響が書いてあるね。ノヤギが土地を荒らしたことで，海鳥の数が激減したことは知っているかい。

しずか：ノヤギをこわがって，海鳥が逃げてしまったのかな。

父　親：いや，ノヤギは草食動物だからね。オナガミズナギドリなどの海鳥は，林や草原に巣をつくるんだ。

しずか：そうか，ノヤギの食害※によって，巣をつくる場所がなくなったから，数が減ってしまったんだね。

父　親：そこで，ノヤギを排除する活動が行われたんだ。そうして，ノヤギを根絶した結果，植物が回復し，海鳥の数も増えてきているそうだよ。

しずか：それはよかった。でも・・・。

※食害…動物が植物などを食い荒らすことによる害。

この日の夜，しずかさんは日記に次のように書きました。

【しずかさんの日記】

　　今日，父と世界遺産の話をした。遺産を人類の宝として保存していくには，多くの努力が必要なことがわかった。

　　特に，小笠原諸島のことが印象に残った。小笠原諸島では，ノヤギの食害によって，海鳥の数が激減してしまった。現在では，ノヤギを排除したことで，海鳥の数は増えてきているそうだ。

　　ノヤギを，海鳥を絶滅の危機に追いこんだ悪者のように感じる人もいると思うが，私は，海鳥を絶滅の危機に追いこんだのは，ノヤギではなくて，私たち人間なのではないかと思う。

　　なぜなら，　　(あ)

問題5　　しずかさんの日記の空らん（あ）に入る，「海鳥を絶滅の危機に追いこんだのは，ノヤギではなくて，私たち人間なのではないか」と考えられる理由を，**資料7**からわかることをもとに書きなさい。
（8点）

2 農業体験学習

　もえこさんは，総合的な学習の時間に，田植えの体験学習を行い，稲作農家の木村さんと次のような会話をしました。

> 木　村：今日は，手で苗を植える方法を体験してもらいましたが，今は田植機械で植えることが一般的です。
> もえこ：昔と今では，農業の仕事は大きく変わったのですね。
> 木　村：そうですね。一方で，最近はA農業をする人が少なくなり，農家の数も減っています。高齢化や人手不足は深刻な問題となっています。
> もえこ：私もこの問題について，調べてみようと思います。

　もえこさんは，下線部Ａについて調べ，次の**資料１**，**資料２**，**資料３**を見つけました。

資料１【岩手県の農家の戸数の推移】

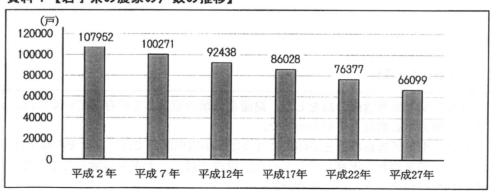

（岩手県調査統計「農林業センサス（2005，2010，2015年）」より作成）

資料２【岩手県の農家の戸数の内訳】

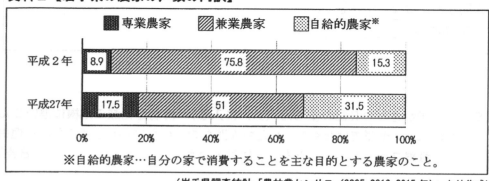

※自給的農家…自分の家で消費することを主な目的とする農家のこと。

（岩手県調査統計「農林業センサス（2005，2010，2015年）」より作成）

資料３【農業従事者数（年齢別）の推移（全国）】

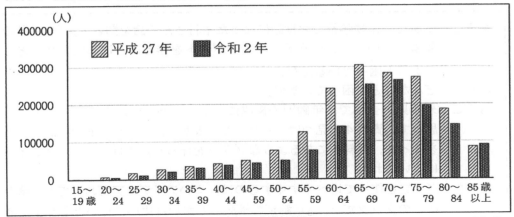

（農林水産統計「2020年農林業センサス」より作成）

問題１　次の（１），（２）の問いに答えなさい。

（１）　**資料１**について，平成２年から平成27年までの間に，岩手県の農家の戸数はどれくらい減っていますか。上から２けたのがい数で答えなさい。（６点）

（２）　次の**ア〜エ**について，**資料１，資料２，資料３**からわかることとして，適切なものには○，適切ではないものには×を書きなさい。

（３点×４）

ア　全国における平成27年の農業従事者数は65〜69歳が最も多いが，令和２年の農業従事者数は70〜74歳が最も多い。

イ　人口に対する農業従事者のしめる割合は，岩手県は全国よりも高い。

ウ　岩手県の農家の戸数の内訳で，専業農家の割合は，平成２年から平成27年までの25年間の中では，平成27年が最も高い。

エ　岩手県の平成27年の兼業農家数は，平成２年の兼業農家数の半分以下である。

もえこさんとゆうたさんは，次のような会話をしました。

もえこ：田植えの体験学習でお世話になった木村さんの話を聞いて，「岩手県の
　　　　農業について」というテーマでレポートを作ることにしたんだけど，
　　　　ちょっと困っているんだ。

ゆうた：どんなことで困っているの。

もえこ：岩手県と全国で，年齢別の構成にちがいがあるのかを比べてみようと
　　　　思って，**資料4**を見つけたんだ。この表から，タブレットの集計ソフト
　　　　を使って，**資料5**にあるようなグラフを作ったんだけど，なんだか比べ
　　　　にくいよね。

ゆうた：グラフを使って比べやすくするのは，よいアイディアだね。でも，確か
　　　　にこのグラフだと，B年齢別の構成のちがいは比べにくいと思うよ。他
　　　　のグラフを使ってみたらどうかな。

もえこ：ありがとう。じゃあ，もう一度グラフを作り直してみるね。

資料4【年齢別農業従事者数（岩手県と全国）】

単位：人

	15〜49歳	50〜59歳	60〜64歳	65歳以上	合計
岩手県	3355	3512	4807	32784	44458
全国	147463	126898	140042	948511	1362914

（農林水産統計「2020年農林業センサス」より作成）

資料5【もえこさんが作成したレポート（一部省略）】

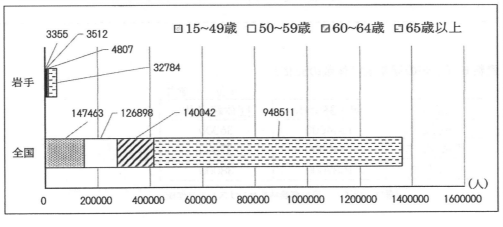

> # 岩手県の農業について
>
> 銀河小学校　6年2組　佐藤　もえこ
>
> **1　調査のねらい**
>
> 　総合的な学習の時間の田植えの体験学習で，指導してくださった木村さんの話から，岩手県と全国の農業についての課題を調査し，これからの岩手県の農業について考える。
>
> **2　農業従事者の年齢別の構成のちがい（岩手県と全国）**
>
> ☑15~49歳　☐50~59歳　▨60~64歳　⬚65歳以上
>
> 岩手
> 3355　3512　4807　32784
>
> 全国
> 147463　126898　140042　948511
>
> 0　200000　400000　600000　800000　1000000　1200000　1400000　1600000　（人）

問題2　　下線部Bについて，もえこさんの作ったグラフでは年齢別の構成のちがいが比べにくいと考えられる理由を書きなさい。
　　　　また，年齢別の構成のちがいを比べやすくするためには，どのようなグラフに作り直せばよいか書きなさい。
　　　　　　　　　　　　　　　　　　　　　　　　　　　　　　　（10点）

もえこさんとゆうたさんは，次のような会話をしました。

> もえこ：ゆうたさんは，どんなレポートをつくっているの。
> ゆうた：テーマは「未来の農業」にしたよ。調べていたら**資料6**，**資料7**を見つ
> けたんだ。農業の経営には個人経営だけではなく団体経営もあることや，
> 農業機械の性能や価格にも，ちがいがあることがわかったよ。
> もえこ：c個人経営体は年々減っているのに，団体経営体は増えているのね。
> ゆうた：この地域にも，大規模な団体経営をしている農業の会社があるんだよ。
> 来週の木曜日に訪問して，社長さんや従業員の方にインタビューして
> くる予定なんだ。
> もえこ：レポートの参考になりそうだね。

資料6【全国の農業経営体数の変化】

単位：経営体

区分	個人経営体	団体経営体
平成22年	1644000	36000
平成27年	1340000	37000
令和2年	1037000	38000

（農林水産統計「2020年農林業センサス」より作成）

資料7【田植機の価格と性能の比較】

田植機（4条植え）
一度に4列ずつ植えることができる
価格 1,364,000 円

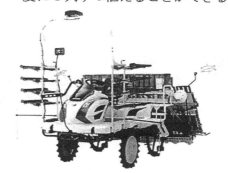

田植機（8条植え）
一度に8列ずつ植えることができる
価格 4,917,000 円

（価格・写真はヤンマーHPより引用）

資料8【会社訪問のインタビューメモ】

┌─ **社長さんのお話** ───────────────

　│　○**会社について**

・地域の田んぼや畑を買い取って，広い農地で稲作や野菜の
　栽培，肉牛の飼育などをしています。

・最近では，後継ぎがいない農家から農地を委託されるケースも増えています。

・現在の作業面積は約 120 ha で，稲作は約 80 ha です。ちなみに全国の平均は，
　1 経営体当たり 3.1 ha です。

・現在 20 名の従業員がいます。作業する面積が広大でも，人をやとうことに
　よって，作業が可能になっています。

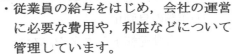

┌─ **従業員さんのお話** ──────

　│　○**仕事について**

・主に稲作を担当しています。機械を
　操作して，田植えから稲刈りまで行
　っています。

・作業する面積が広大なので，大型の
　機械を使用しています。大型機械を
　使用することによって，効率的に作
　業をすることができています。

┌─ **事務員さんのお話** ──────

　│　○**仕事について**

・従業員の給与をはじめ，会社の運営
　に必要な費用や，利益などについて
　管理しています。

・作業する面積が広く，収穫量も多
　いので，利益を大型機械の購入にあ
　てることができます。

問題3　　下線部Cについて，団体経営体数が増加している理由として考えられるこ
　　　　とを，**資料7**，**資料8**をもとに説明しなさい。　　　　　　　　（10点）

ゆうたさんは，調査したことをもとに，**資料９**のようなレポートを作成しました。

資料９【ゆうたさんが作成したレポート（一部省略）】

未来の農業について

<u>　　　　　　　　　　　銀河小学校　６年２組　田中　ゆうた　</u>

1　調査のねらい
　現在の農業がかかえている課題を解決するための取り組みや，新しい農業技術について調査し，未来の農業の姿について考える。

2　農業経営体数の変化について
　　（略）

3　スマート農業について
（1）スマート農業とは
　　ロボット技術や，情報通信技術，ＡＩ技術などの最新技術を活用した農業のこと。

（2）スマート農業の効果
　①作業の自動化
　　　自動運転トラクタや，スマートフォンやタブレットなどの端末で操作する水田の水管理システムなどの活用により，作業を自動化し人手を省くことが可能になる。
　②情報共有の簡易化
　　　位置情報と連動した経営管理アプリの活用により，作業の記録をデジタル化・自動化し，熟練者でなくても生産活動の主体になることが可能になる。
　③データの活用
　　　ドローンや人工衛星による測定データや，気象データなどのＡＩ解析により，農作物の生育や病虫害を予測し，高度な農業経営が可能になる。

（3）スマート農業推進上の課題
　①導入費用が高額
　　　自動運転トラクタは，通常のトラクタに比べて価格が高いことなど，機械や設備の購入に多大な費用がかかり，導入することは簡単ではない。
　②条件不利地域
　　　土地の条件や，通信環境によっては，ロボットや通信機器がうまく働かないことがあるなど，スマート農業の導入に不利な地域がある。
　③学習機会が必要
　　　情報通信機器の操作方法など，高度な知識が必要である。

（次ページに続く）

（4）スマート農業の導入例

【例】データを活用したドローンによるピンポイント農薬散布

通常の農薬散布	ドローンでの農薬散布

大豆畑全面に対して，農薬散布を実施

①自動飛行
畑の撮影

②害虫位置特定
③農薬散布

通常の農薬散布
○大豆畑への全面農薬散布を実施
○農薬散布時間（10aあたり）
平均0.95時間

ドローンでの農薬散布
①自動飛行による大豆畑全体撮影^{さつえい}
②ＡＩが画像を解析^{かいせき}し害虫の位置を特定
③自動飛行で害虫の位置へ移動しその場所だけ農薬散布を実施
○農薬散布時間（10aあたり）
平均0.18時間

農薬散布の効果の比
○どちらの防除[※]も同じ程度の防除効果が得られた。

※防除…農作物の病気や虫の害を防ぎ除くこと

（農林水産省「スマート農業の展開について」より作成）

問題4 ゆうたさんのレポートについて，次の（1），（2）の問いに答えなさい。

（1） レポートから読み取れる内容として正しいものはどれですか。次のア～オの中から適当なものを**すべて**選び，その記号を書きなさい。 （6点）

ア スマート農業は，人手不足の解消につながる。

イ スマート農業は，多大な費用がかかり，利益が低くなる。

ウ スマート農業では，すべてロボットが自動で作業するので，人が作業することはなくなる。

エ スマート農業によって，短期間で作物を育てることができるようになる。

オ ドローンでの農薬散布は，通常の農薬散布に比べ，作業時間を10aあたり約46分短縮できる。

（2） レポートの中で紹介されている「【例】データを活用したドローンによるピンポイント農薬散布」について，通常の農薬散布と比べて，ドローンでの農薬散布ではどのようなよさがあると考えられますか。人手，労力および作業時間に関すること以外で，1つ書きなさい。 （6点）

（2）　会話文の空らん ① ， ② に入る球として適切なものはどれですか。
次の**ア**〜**オ**の中からそれぞれ1つずつ選び，その記号を書きなさい。（10点）

　　　ア　直径4cmの卓球ボール

　　　イ　直径6.6cmのテニスボール

　　　ウ　直径24.5cmのバスケットボール

　　　エ　直径60cmのバランスボール

　　　オ　直径110cmの大玉

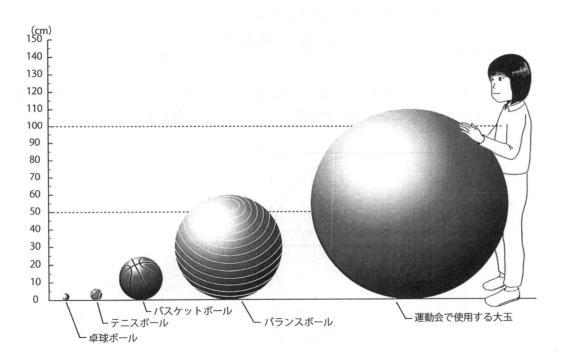

星空の観測を続けながら，3人は次のような会話をしました。

指導員：今日7月22日は，「円周率の日」と呼ばれているのを知っていますか。
みつる：3月14日が「円周率の日」と聞いたことがあるけど…。
ひなた：円周率は3.14… だもんね。
指導員：22を7で割ってごらん。
みつる：3.14… になりますね。
指導員：このようになるのは，1年の中で，7月22日だけなのです。
ひなた：だから，「円周率の日」と呼ぶのね。
指導員：天文学では，計算するときに円周率をよく使うのですよ。
みつる：ところで，円周率って何を表しているんだっけ。
ひなた：直径の長さに対する円周の長さの比だよ。
みつる：つまり，B円周の長さは直径の長さの約3.14倍ということだね。

下線部Bについて，ひなたさんは，「どんな大きさの円でも，円周の長さは直径の長さの4倍より短い」ことを次の図を用いて下のように説明しました。

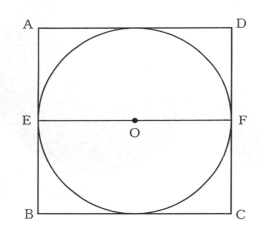

【ひなたさんの説明】

円の周りに図のように正方形をかくと，正方形の1辺の長さは円の直径の長さと等しいから，正方形のまわりの長さは，円の直径の長さの4倍と等しい。
また，円周の長さは，正方形のまわりの長さより短い。
よって，どんな大きさの円でも，円周の長さは直径の長さの4倍より短い。

みつるさんは，ひなたさんの説明を参考にして，円の中に正六角形をかいて，「どんな大きさの円でも，円周の長さは直径の長さの3倍より長い」ことを説明しようと考えました。

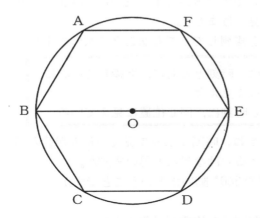

問題2　ひなたさんの説明を参考にして，上の図を用いて「どんな大きさの円でも，円周の長さは直径の長さの3倍より長い」ことを説明しなさい。
　　　　必要ならば，図に線を引いて説明してもかまいません。　　　　（13点）

2人は，10月23日に行われた「星空観測会」に参加し，指導員の方と次のような会話をしました。

指導員：秋はカシオペヤ座が観測しやすい季節です。見つけてみましょう。
みつる：北の空ですよね。あっ，見つけました。
ひなた：私は昨日もカシオペヤ座を観測して，こんなことに気付きました。

> ①昨日，カシオペヤ座は，時刻とともに，北極星を中心に
>   時計と反対回りに回って見えた。
> ②昨日と今日では，同じ時刻に，同じ位置に見えている。

指導員：よいことに気が付きましたね。時刻によって見える位置が変わるのに，
　　　　一日経つと同じ位置に見えるのはなぜだと思いますか。
みつる：北極星を中心に，24時間で360°動いたということですか。
指導員：その通りです。
ひなた：ということは，今から2時間後の位置が予想できますね。

問題3　　午後8時に，カシオペヤ座は下の図の位置に見えました。同じ位置で観測
　　　　　　した場合，2時間後の午後10時には，カシオペヤ座はどの位置に見えます
　　　　　　か。図の**ア**〜**エ**の中から1つ選び，その記号を書きなさい。　　（8点）

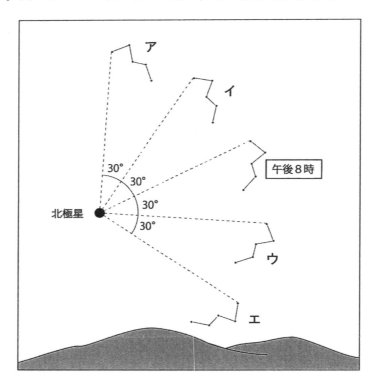

問題は次のページへ続きます

星空の観測を続けながら，3人は次のような会話をしました。

指導員：ところで，地球が太陽の周りを回っていることは知っていますか。
ひなた：はい。地球は太陽の周りを365日かけて1周すると聞いたことがあります。
みつる：だから，1年は365日とされているんだよね。
指導員：2人ともよく知っていますね。でも実は，ぴったり365日で1周するのではないのです。現在では，平均365.2422日ということがわかっていて，この日数を「1太陽年」とよんでいます。つまり，1年の日数は，365日より約5時間49分ほど長いのです。
ひなた：そうすると，カレンダーの日付と実際の季節に，毎年少しずつずれが生じてしまうのではないですか。
指導員：そのずれを調節するため，「うるう年」が用いられます。
みつる：1年を366日とする年だね。4年に1度，2月29日のある年があるよね。
ひなた：西暦が4で割り切れる年を，うるう年とするのよね。前回は西暦2020年，次回は西暦2024年がうるう年ね。
指導員：その通りです。でも，西暦が4で割り切れてもうるう年としない年もあります。うるう年かどうかを決める手順は，**資料**のようになっています。
みつる：この手順で考えると，**例1**，**例2**のように，西暦2000年はうるう年だけど，西暦2100年はうるう年ではないということになりますね。
指導員：その通りです。この方法だと，400年間における1年あたりの平均日数と1太陽年とのずれがかなり小さくなるのです。

資料【平年かうるう年かを決める手順】

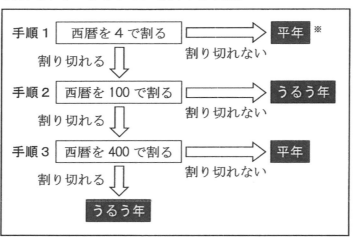

例1【西暦2000年の場合】

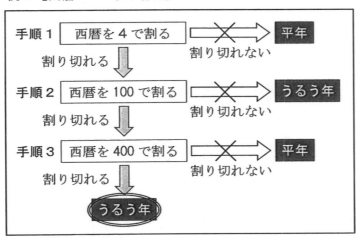

例2【西暦2100年の場合】

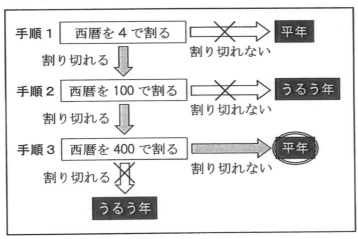

問題4　資料の方法でうるう年を決めるとき，次の（1），（2）の問いに答えなさい。

（1）　西暦2001年から西暦2400年までの400年間のうち，うるう年は何回あるか答えなさい。　　　　　　　　　　　　　　　　　　　　　　　　　　　　　　　　（5点）

（2）　（1）をもとに計算すると，西暦2001年から西暦2400年までの400年間における1年あたりの平均日数は何日になりますか。小数第4位まで答えなさい。ただし，解答らんに求める式も書くこと。　　　　　　　　　　　　　　　　　（8点）

K 教英出版

令和3年度

岩手県立一関第一高等学校附属中学校入学者選抜
本検査「適性検査Ⅰ」

問題用紙

【9：30 ～ 10：10】（40分）

（注意）

1　先生の指示があるまで，この問題用紙を開いてはいけません。

2　問題は1から2までで，全部で14ページです。

3　答えは，すべて解答用紙に書きなさい。ただし，解答用紙の※印のところには，何も書いてはいけません。

4　答えは，数・式・図・言葉などで書くようになっています。問題をよく読んで，定められたとおりに書きなさい。

5　計算などは，問題用紙の空いているところを使いなさい。

6　印刷がはっきりしないときや筆記用具を落としたときなどは，だまって手をあげなさい。

7　答えは，濃くはっきり書きなさい。また，消すときは，消しゴムできれいに消しなさい。はっきりしない答えの場合，誤りになることもあります。

8　問題などは，声に出して読んではいけません。

9　時間内に終わっても，そのまま着席していなさい。

10　「やめなさい」の指示があったら，すぐに解答するのをやめて，解答用紙を机の中央に置きなさい。

受検番号

1 文化祭の生徒会展示

　銀河中学校では，生徒会スローガンを「彩る～心の色で描くキャンバス～」とし，「全校の取組」と「学級の取組」の２つの柱で様々な活動を行っています。
　生徒会リーダーのりょうさん，ひろきさん，はなさんは，文化祭でこれまでの取組を紹介する展示をしようと考え，次のような会話をしました。

りょう：今までやってきた「全校の取組」と「学級の取組」を紹介する展示物を
　　　　作ろう。
ひろき：目立つように工夫したいね。
は　な：昇降口に大きなモビール※1を作って展示するのはどう？
りょう：それはいい考えだね。
ひろき：でも，うまくつり合いがとれるように作るのはむずかしそうだね。
は　な：つるすものを整理して，設計図を作ってみよう。

> ※1　モビールとは，つり合いを利用した，
> 　　　天井などからつるすかざり。

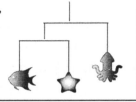

　生徒会リーダーの３人は，モビールを作るために必要な情報を書き出し，設計図を作りました。

【モビールを作るために必要な情報メモ】

- ３本の棒Ｐ，Ｑ，Ｒを使い，台紙Ａ，Ｂ，Ｃ，Ｄ，Ｅの５つをつるす。
- 台紙Ａには各学級の取組を紹介する。台紙Ａの大きさは，縦100㎝，横80㎝で，重さは600ｇ
- 台紙Ｂには「学級の取組」，台紙Ｄには「全校の取組」とタイトルを書く。台紙Ｂと台紙Ｄはどちらも同じ大きさ，同じ重さのものとする。
- 台紙Ｃには全校の取組を紹介する。
- 台紙Ｅには生徒会スローガンを書く。
- 一番長い棒Ｐは，回転しても，つるしているものどうしがぶつからないように，160㎝とする。

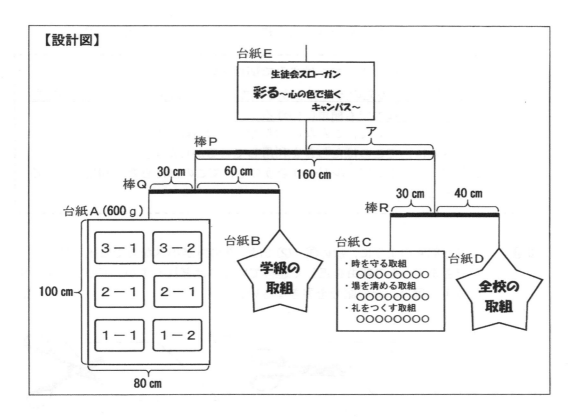

【設計図】

問題1　棒P，Q，Rが水平につり合っているとき，次の（1），（2）の問いに答えなさい。ただし，台紙にはり付ける用紙や棒，接着剤やひもの重さは考えないものとします。

（1）　台紙Bの重さを答えなさい。　　　　　　　　　　　　　　　　　（4点）

（2）　棒Pの，アの部分の長さを答えなさい。　　　　　　　　　　　　（8点）

問題2　台紙Eを，台紙Aと同じ材料を使って，縦40 ㎝，横90 ㎝の大きさで作ると，台紙Eの重さは何gになるか答えなさい。ただし，台紙にはり付ける用紙や棒，接着剤やひもの重さは考えないものとします。　　　　　　　　　（8点）

生徒会リーダーの３人は，設計図をもとに，モビールを作り始めました。

は　な：この台紙，厚くてうまくはさみで切れないよ。
りょう：Aはさみの刃の先の方で切ろうとしているからだよ。刃の付け根の方を
　　　　使うと小さな力でも簡単に切れるよ。
は　な：本当だ。どうして，こんなに切りやすくなるのかな。
りょう：はさみは，てこのはたらきを利用しているからだよ。
ひろき：今作っているモビールがつり合うのも，てこのはたらきを利用している
　　　　からだね。

問題３　　下線部Aのように，次の①，②では，②の方が小さな力で厚紙を切ること
ができます。その理由を正しく述べているのはどれですか。下の**ア〜エ**の中
から１つ選び，その記号を書きなさい。　　　　　　　　　　　　　　　（10点）

①　　　　　　　　　　　　　　　　　②

はさみの刃の先の方で切る　　　　　　はさみの刃の付け根の方で切る

ア　②の方が①より作用点から支点までのきょりが短く，作用点に加わる力
　　が小さくなるから。

イ　②の方が①より作用点から支点までのきょりが短く，作用点に加わる力
　　が大きくなるから。

ウ　②の方が①より力点から支点までのきょりが短く，作用点に加わる力が
　　小さくなるから。

エ　②の方が①より力点から支点までのきょりが短く，作用点に加わる力が
　　大きくなるから。

問題は次のページへ続きます

環境委員会は，今年度から学校に設置されたエアコンにたよりすぎない生活を心がけるため，グリーンカーテンプロジェクトを行ってきました。環境委員のゆうじさんとまきさんは，グリーンカーテンプロジェクトについて紹介するポスターを作り，文化祭で展示することにしました。

資料1【環境委員会が作成したポスター】

グリーンカーテンプロジェクト

環境委員会

●取り組み
　アサガオやヘチマを使い，
教室のベランダに日よけとなる
グリーンカーテンをつくる。

●よさ
①直射日光をさえぎることで教室の温度が上がるのをおさえる
　ことができ，それによってエアコンの使用時間を減らし，電
　気の使用量を減らすことができる。

②地球温暖化の原因の1つといわれている，空気中の二酸化炭素
　の割合を減らすことができる。

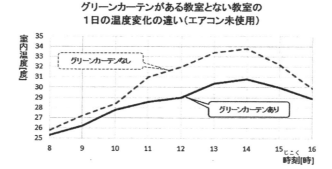

グリーンカーテンがある教室とない教室の
1日の温度変化の違い(エアコン未使用)

環境委員会による調査結果

完成したポスターを見ながら，ゆうじさんとまきさんは次のような会話をしました。

まき：ポスターの内容はこれでいいかな。
ゆうじ：見た人から質問されたときに答えられるように，「よさ」に書いた①，②についてもう少し調べてみようか。
まき：「よさ」の①について，わたしの家でも今年からグリーンカーテンをやっているから，B今年の８月の電気の使用量を，過去２年間の８月の使用量と比べて，どれくらい節電の効果があったのか調べてみるね。
ゆうじ：家庭で効果があれば，教室でも効果があると期待できるね。
まき：「よさ」の②については，本当に植物に二酸化炭素をとり入れるはたらきがあるのかどうか，c実験をして確かめてみるのはどうかな。
ゆうじ：その実験結果をもとに説明すれば説得力があるね。よし，科学クラブのさとしさんに実験方法を相談してみよう。

問題４　下線部Bについて，まきさんは，自宅の８月の電気の使用量を比較してみました。その結果，昨年８月の電気の使用量は，一昨年８月に比べて，10％増えていました。また，今年８月の電気の使用量は，昨年８月に比べて，20％減っていました。

　　　今年８月の電気の使用量は，一昨年８月に比べて何％減りましたか。下のア〜オの中から１つ選び，その記号を書きなさい。　　　　　　　　（10点）

ア　　8％
イ　　10％
ウ　　12％
エ　　15％
オ　　30％

6ページの下線部Cについて、ゆうじさんとまきさんは、科学クラブのさとしさんにアドバイスをもらおうと、次のような会話をしました。

まき：植物が二酸化炭素をとり入れるためには、日光が必要だって授業で習ったね。

ゆうじ：それを実験で確かめるために、こんな実験計画を考えてみたよ。

ゆうじさんが考えた実験計画

透明なポリエチレンぶくろ

1　植物が植えてある鉢を準備する。

2　透明なポリエチレンぶくろをかぶせる。初めにふくろをしぼませてから、Dストローを使って息をふきこむ。

3　気体検知管でふくろの中の二酸化炭素の体積の割合を調べ、あなをふさぐ。

4　2時間ほど日光のあたる明るい場所におく。

5　再び気体検知管でふくろの中の二酸化炭素の体積の割合を調べ、3で調べた値と比較する。

まき：5の二酸化炭素の割合が3より減っていれば、「植物には、日光があたると二酸化炭素をとり入れるはたらきがある」と言っていいよね。

さとし：そうだね。でもせっかくだから、もう少し調べてみない？

ゆうじ：どういうこと？

さとし：E日光があたらなくても、植物さえあれば二酸化炭素は減るのかもしれないよね。逆に、F植物がなくても、日光があたれば二酸化炭素は減るのかもしれない。このことも実験して調べてみてはどうかな。

まき：なるほど、それではあと2つ鉢を準備しよう。

さとし：どちらも、1～5の手順のうち、1つを変えるだけで調べられるよ。

令和３年度

岩手県立一関第一高等学校附属中学校入学者選抜

本検査「適性検査Ⅱ」

問題用紙

【10：40 〜 11：20】（40分）

（注意）

1　先生の指示があるまで，この問題用紙を開いてはいけません。

2　問題は①から②までで，全部で17ページです。

3　答えは，すべて解答用紙に書きなさい。ただし，解答用紙の※印のところには，何も書いてはいけません。

4　答えは，数・式・図・言葉などで書くようになっています。問題をよく読んで，定められたとおりに書きなさい。

5　計算などは，問題用紙の空いているところを使いなさい。

6　印刷がはっきりしないときや筆記用具を落としたときなどは，だまって手をあげなさい。

7　答えは，濃くはっきり書きなさい。また，消すときは，消しゴムできれいに消しなさい。はっきりしない答えの場合，誤りになることもあります。

8　問題などは，声に出して読んではいけません。

9　時間内に終わっても，そのまま着席していなさい。

10　「やめなさい」の指示があったら，すぐに解答するのをやめて，解答用紙を机の中央に置きなさい。

受検番号

1 三陸への旅

　　ゆきえさんは，父親と一緒に，三陸鉄道リアス線を利用して，盛駅から久慈駅まで旅行をすることにしました。列車が盛駅を発車して間もなく，ゆきえさん親子は車内で次のような会話をしました。

> ゆきえ：列車が走ると，一定のリズムで「ガタン…ガタン…ガタン…」という音がするね。これは何の音なのかな。
>
> 父　親：ₐレールのつなぎ目に，すき間があって，列車の車輪がそこを通るたびに「ガタン」と音がするんだよ。
>
> ゆきえ：レールとレールの間にすき間が空けられているのは知っているよ。季節の変化と関係があるんだよね。
>
> 父　親：よく知っているね。そうだ，この音から，列車のおよその速度がわかるんだよ。この車両には前後に車輪がついているけど，前輪から聞こえる「ガタン」の音と，後輪から聞こえる「ガタン」の音の区別はつくかい？
>
> ゆきえ：うん，私たちは先頭車両の前の方に座っているから，前輪から聞こえる「ガタン」の音の方が，はっきり大きく聞こえるね。
>
> 父　親：では，ストップウォッチで，この車両の前輪から聞こえる「ガタン」という音が，10回聞こえるのにかかる時間を測ってごらん。
>
> ゆきえ：じゃあ測ってみるね。1回目の「ガタン」の音が聞こえたところから測って，ᵦ10回目が聞こえたのはちょうど12秒後だったよ。
>
> 父　親：1本のレールの標準的な長さは，25mだそうだよ。このことから，今測った12秒間に列車が進んだ道のりを考えれば，およその速度がわかるよね。

資料1　【レールとレールの間のすき間】

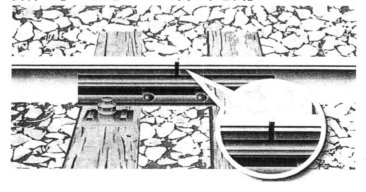

問題1　　下線部Ａについて，**資料1**のように，レールとレールの間に，すき間があるのはなぜだと考えられますか。季節の変化にふれながら説明しなさい。

(10点)

問題2　　下線部Bについて，ゆきえさんが時間を測っていた 12 秒間に，列車はおよそ何m進んだと考えられるか答えなさい。　　　　　　　　　　　　（10点）

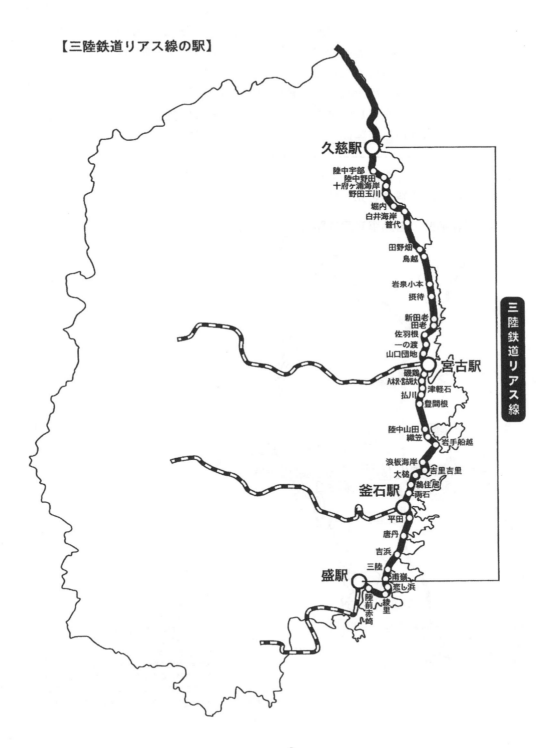

【三陸鉄道リアス線の駅】

久慈駅

陸中宇部
陸中野田
十府ヶ浦海岸
野田玉川
堀内
白井海岸
普代

田野畑
鳥越

岩泉小本
摂待

新田老
田老
佐羽根
一の渡
山口団地

磯鶏
八木・蟇蛙太
払川
津軽石
豊間根

宮古駅

陸中山田
織笠
岩手船越

浪板海岸
大槌
吉里吉里
鵜住居
両石

釜石駅

平田
唐丹
吉浜
三陸
甫嶺
恋し浜
綾里
陸前赤崎

盛駅

三陸鉄道リアス線

－ 2 －

ゆきえさん親子は，釜石駅にさしかかったところで，次のような会話をしました。

ゆきえ：釜石といえば，製鉄やラグビーで有名だよね。

父　親：2019年に，釜石港が「ポートオブザイヤー2019」に選ばれたのは知っているかい？これは，日本港湾協会が，地域の活性化や経済の発展に役立った港を表彰するもので，近年取り扱うコンテナの輸送量が急増している釜石港が選ばれたんだよ。

ゆきえ：どうして，釜石港を利用した輸送が増えているの？

父　親：無料で利用できる自動車専用道路であるc東北横断自動車道釜石秋田線や三陸沿岸道路が開通※1したことも影響しているだろうね。

ゆきえさんは下線部Cについてきょう味をもち，インターネットで調べたところ，次の資料2，資料3を見つけました。

資料2【岩手県の自動車専用道路の様子】

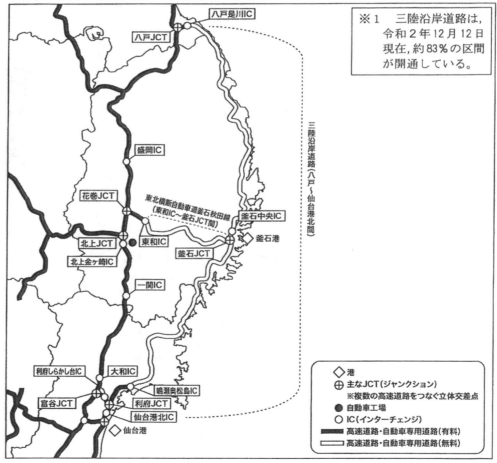

※1　三陸沿岸道路は，令和2年12月12日現在，約83％の区間が開通している。

（ネクスコ東日本ＨＰ，国土交通省東北地方整備局ＨＰより作成）

【適】

資料3【主なIC（インターチェンジ）間の距離と料金】　　料金は特大車

距離（km）							料金（円）
225.3	216.1	201.8	（あ）	100.9	68.9	釜石中央	
156.4	147.2	132.9	69.7	32.0	東和	0	
124.4	115.2	100.9	37.7	北上金ヶ崎	2550	2550	
① 86.7	77.5	63.2	一関	2970	5350	5350	
23.5	14.3	大和	4870	7660	9440	9440	
9.2	利府しらかし台	1420	6120	8770	10550	10550	
仙台港北	950	2310	② 7010	9660	11440	11440	

■　主なIC（インターチェンジ）の名前

※仙台港北ICへの距離と料金は，東北自動車を使用し，富谷JCTと利府JCTを経由した場合を示している。また，東和IC，釜石中央ICは，花巻JCTを経由するものとする。

ゆきえさん親子は，**資料2**，**資料3**を見ながら，次のような会話をしました。

父　親：**資料3**の表の見方はわかるかい？例えば，一関ICから仙台港北ICまでの距離は，一関ICから左，仙台港北ICから上に見てぶつかる①の数字を見れば，86.7kmとわかるよ。同じように，トラックなどの特大車の料金は，一関ICから下，仙台港北ICから右に見てぶつかる②の数字を見れば，7010円ということがわかるんだよ。

ゆきえ：有料の高速道路は，利用する区間によって，料金が変わるのね。

父　親：金ヶ崎町にある自動車工場では，完成した自動車をトラックで仙台港まで運んで，仙台港から船で輸送しているんだけど，震災前は釜石港も利用していたそうだよ。

ゆきえ：D今後はまた，釜石港も利用するようになるかもしれないね。

問題3　　次の（1），（2）の問いに答えなさい。

（1）　**資料3**の空らん（**あ**）にあてはまる数字を小数第1位まで答えなさい。

（8点）

（2）　下線部Dについて，金ヶ崎町の自動車工場から完成した自動車を運ぶ場合，仙台港を利用する場合と比べて，釜石港を利用するよさを，**資料3**からわかる数値を用いて説明しなさい。

なお，仙台港までは北上金ヶ崎ICから仙台港北ICの区間を，釜石港までは北上金ヶ崎ICから釜石中央ICの区間の高速道路・自動車専用道路を利用するものとします。

（10点）

ゆきえさん親子は，宮古駅で下車して昼食をとることにし，次のような会話をしました。

ゆきえ：「宮古トラウトサーモン」だって。おいしそう！宮古は鮭がたくさん獲れることで有名よね。

父　親：この「宮古トラウトサーモン」は，自然の漁で獲れたものではなくて，2019年11月から宮古湾に設置されたいけすで養殖されたものなんだよ。2020年の4月に初めて出荷されたんだ。

ゆきえ：トラウトサーモンは，鮭とは違うの？

父　親：トラウトサーモンは，ニジマスを海で養殖したものなんだ。日本で獲れる鮭のほとんどは「シロザケ」なんだけれど，シロザケとトラウトサーモンはどちらもタイヘイヨウサケ属なので，遠い親せきのような関係と言えるかな。

ゆきえ：宮古は鮭がたくさん獲れるところなのに，<u>Eどうして養殖を始めたのかな。</u>

　下線部Eについて，ゆきえさんは，養殖を始めた理由について調べてみようと思い，次の**資料4，資料5，資料6**を見つけました。

資料4【鮭の特徴】

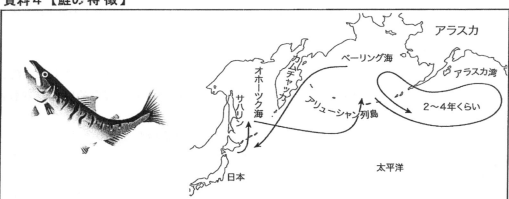

　鮭には生まれた川に戻ってくる母川回帰という習性があります。宮古で生まれた子どもの鮭（稚魚）は，約4年かけて，世界の海をめぐって宮古に戻ってきます。また，冷水魚である鮭は低水温を好み，高水温に敏感であると考えられています。

（宮古市水産課「サケのひみつ」等より作成）

資料５【宮古市の鮭水あげ量の推移】

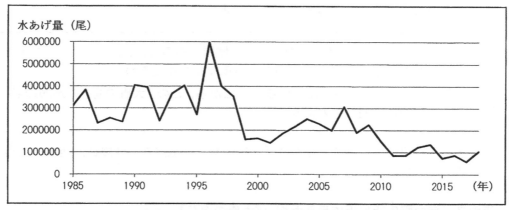

（宮古市ホームページの資料「水産統計　宮古の水産　令和元年度」より作成）

資料６【三陸沖の平均海面水温（年平均）】

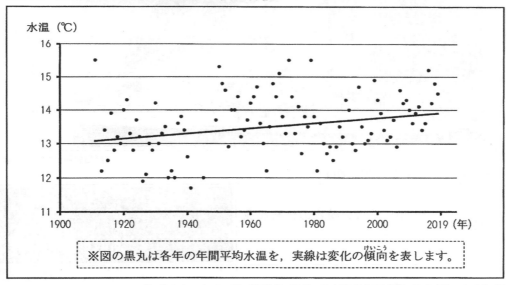

※図の黒丸は各年の年間平均水温を，実線は変化の傾向を表します。

（気象庁ホームページの資料「三陸沖の海域平均海面水温（年平均）」より作成）

問題４　　前ページの下線部Ｅについて，なぜ宮古でトラウトサーモンの養殖が始められたのか，考えられることを**資料４，資料５，資料６**にふれて説明しなさい。
（10点）

ゆきえさん親子は，終点である久慈駅近くの，陸中野田駅で途中下車しました。
２人は歩きながら次のような会話をしています。

> 父　　親：この近くには「大唐の倉」という地層があるんだよ。ほら，見えてきた。
> ゆきえ：わあ，きれいにいくつかの層が重なって見えるね。
> 父　　親：ちょうどガイドさんがいるようだから，この「大唐の倉」の地層の特徴
> 　　　　　について聞いてみよう。

　　ゆきえさん親子は，ガイドさんに「大唐の倉」の地層Ａ，地層Ｂ，地層Ｃについ
て説明してもらいました。

資料７【陸中野田駅付近で見えた崖（『大唐の倉』）】

　　　　　　　　　　　　　　　　　　　　　　　　　　　　　（野田村観光協会ＨＰより）

資料８【ガイドさんの説明】

地層Ａ	暖かい地域の植物の化石が見つかった	
地層Ｂ	火山灰が押し固まったものがたい積した様子が見つかった	
地層Ｃ	大きな丸い石のたい積が見つかった	

　　　　　　　　　　　　　　　　　　　　　　　　　　　　　（野田村通信ブログより）

問題5　次のア〜エについて，**資料7**，**資料8**をもとに「大唐の倉」の地層Ａ，地層Ｂ，地層Ｃからわかることとして適切だと言えるものには〇，適切とは言えないものには×を書きなさい。　　　　　　　　　　　　　　（3点×4）

ア　地層Ａ，地層Ｂ，地層Ｃの順で，たい積した。

イ　地層Ｂがたい積した当時は，この地域にも火山活動があった。

ウ　地層Ｃの大きな丸い石は、流れる水のはたらきで角がとれて、丸くなったものである。

エ　地層Ａがたい積した当時も現在も，この地域は寒い地域なので，暖かい地域の植物の化石は，暖かい地域から海を渡って流れ着いたものである。

2 持続可能な社会

たかしさんとあきこさんのクラスでは，地球温暖化の原因と言われる二酸化炭素の排出量を削減するための様々な取り組みについて，グループごとに調べ学習を行い，発表会を行うことにしました。たかしさんのグループとあきこさんのグループでは，それぞれテーマに沿って資料を集め，次のように発表メモをつくりました。

【たかしさんのグループが集めた資料】

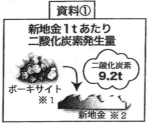  

※1　ボーキサイトは，アルミニウムの原料となる鉱石
※2　「地金」とは，金属を貯蔵しやすい形で固めたもの。金属の原料となる鉱石から新たに
　　　生産した地金を「新地金」，金属をリサイクルして生産した地金を「再生地金」と呼ぶ。

【たかしさんのグループの発表メモ】

テーマ：アルミ缶のリサイクルについて

【発表の流れ】

1　アルミ缶の分別収集の
　方法について紹介する。
　　　↓

資源ゴミとして回収　　高温で溶かす　　溶かしたアルミニウムを
　　　　　　　　　　　　　　　　　　かたまりにする。(再生地金)

2　アルミ缶をリサイクルした「再生地金」から新しいアルミ製品がつくられていることを紹介する。
　　　↓

3　集めた資料をもとに，二酸化炭素の削減量について説明する。

> アルミ缶をリサイクルしたアルミスクラップからアルミの再生地金を１ｔ
> 生産する際に発生する二酸化炭素の量は0.3ｔで，ボーキサイトからアルミ
> の新地金を１ｔ生産する際に発生する二酸化炭素の量9.2ｔに比べ大幅に
> 少ない。令和元年度に，日本国内ではアルミの再生地金が約130万ｔ生産
> されているが，これはアルミの新地金を130万ｔ生産した場合と比べて，
> 発生する二酸化炭素の量を約（　ア　）万ｔ削減できたことになる。

(アルミ缶リサイクル協会のHP，日本アルミニウム協会のＨＰの資料より作成)

問題1　たかしさんのグループの発表メモの，空らん（　ア　）に入る数値を答えなさい。
（10点）

令和三年度

岩手県立一関第一高等学校附属中学校入学者選抜

本検査「作 文」

問題用紙

【十一時五十分～十二時二十分】（三十分）

（注意）

一　先生の指示があるまで、この問題用紙を開いてはいけません。

二　問題用紙と解答用紙はそれぞれ一部ずつあります。

三　解答用紙の※印のところには、何も書いてはいけません。

四　印刷がはっきりしないときや筆記用具を落としたときなどは、だまって手をあげなさい。

五　答えは、濃くはっきり書きなさい。また、消すときは、消しゴムできれいに消しなさい。はっきりしない答えの場合、誤りになることもあります。

六　問題などは、声に出して読んではいけません。

七　時間内に終わっても、そのまま着席していなさい。

八　「やめなさい」の指示があったら、すぐに解答するのをやめて、解答用紙を机の中央に置きなさい。

受　検　番　号

1 次の資料を読み、あとの問題に答えなさい。

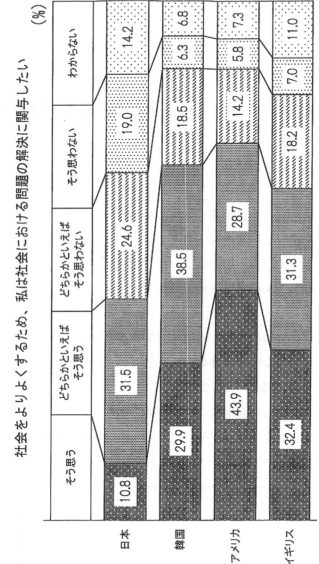

左のグラフは、「社会をよりよくするため、私は社会における問題の解決に関与したい」と考えるかについて、日本と諸外国の若者に調査した結果です。

社会をよりよくするため、私は社会における問題の解決に関与したい

（％）

	そう思う	どちらかといえばそう思う	どちらかといえばそう思わない	そう思わない	わからない
日本	10.8	31.5	24.6	19.0	14.2
韓国	29.9	38.5	18.5	6.3	6.8
アメリカ	43.9	28.7	14.2	5.8	7.3
イギリス	32.4	31.3	18.2	7.0	11.0

「我が国と諸外国の若者の意識に関する調査」（平成30年度）　令和元年6月　内閣府

* 「関与」とは、ある物事に関わることです。

令和三年度
岩手県立一関第一高等学校附属中学校
入学者選抜

本検査「作文」解答用紙

1

受検番号
氏　　　名
得　　　点
※

※30点満点

令和３年度　岩手県立一関第一高等学校附属中学校入学者選抜

適 性 検 査Ⅰ・Ⅱ

解答用紙

受検番号	氏　名

令和３年度　岩手県立一関第一高等学校附属中学校入学者選抜　本検査「適性検査Ⅰ」

1 文化祭の生徒会展示

問題1	（1）	g	※ /4
	（2）	cm	※ /8
問題2		g	※ /8
問題3			※ /10
問題4			※ /10
問題5			※ /10
問題6	（1） 番号		※ /5
	（2） 番号		※ /5

※ /60

2 幼稚園訪問の活動

問題1		枚	※ /12
問題2			※ /12
問題3		人	※ /12
問題4			※ /12
問題5		cm³	※ /12

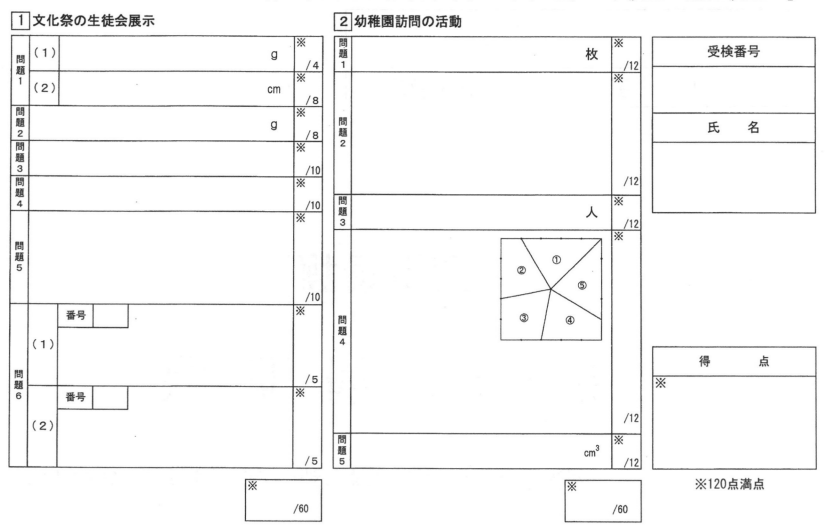

※ /60

受検番号

氏　名

得　点

※

※120点満点

令和３年度　岩手県立一関第一高等学校附属中学校入学者選抜　本検査「適性検査Ⅱ」

1 三陸への旅

問題1					※ /10
問題2				m	※ /10
問題3	（1）				※ /8
	（2）				※ /10
問題4					※ /10

問題5	ア	イ	ウ	エ	※各3点 /12

※ /60

2 持続可能な社会

問題1					※ /10
問題2	番号				※
					/12
問題3	ア	イ	ウ	エ	※各2点 /8
問題4	番号				※ /10
問題5					※ /10
問題6	番号				※ /5
	番号				※ /5

※ /60

受検番号

氏　名

得　点

※

※120点満点

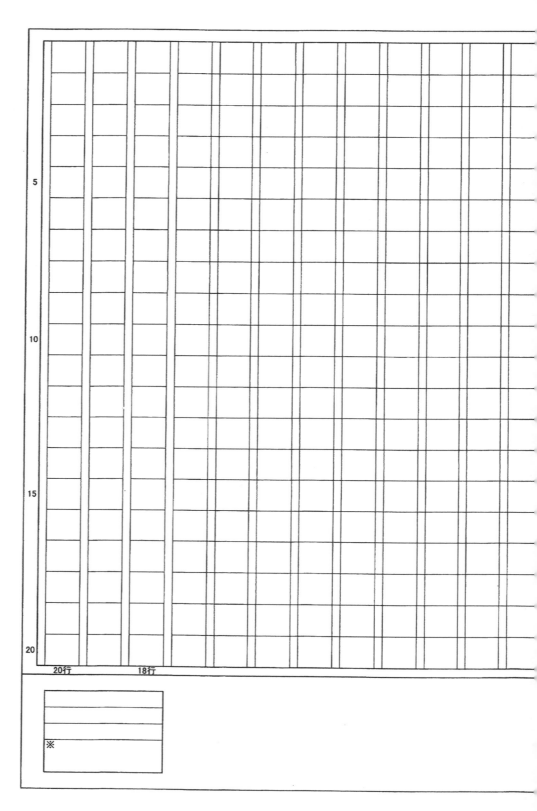

問題　あなたは、学校をよりよくするためにどのようなことを大切にして中学校生活を送っていきたいですか。

　　　具体的な行動の例を挙げながら、あなたの考えを書きなさい。ただし、〈記述の条件〉に合わせて書きなさい。

〈記述の条件〉

① 調査の結果から、日本の状況について注目したいことにふれること。

② ①の条件に合わせて書いた内容と関係させながら、学校をよりよくするために大切にしていきたいことについて書くこと。

③ 二段落以上で構成し、段落のまとまりに気を付けて書くこと。

④ 原こう用紙の正しい使い方にしたがって書くこと。

⑤ 十八行以上二十行以内で書くこと。

【あきこさんのグループが集めた資料】

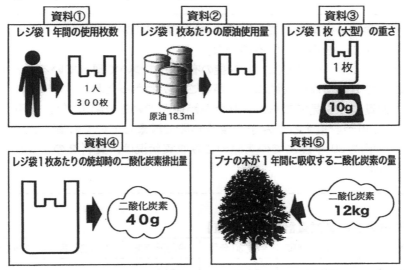

（３R活動推進フォーラムHP「３Rパネル資料」より作成）

【あきこさんのグループの発表メモ】

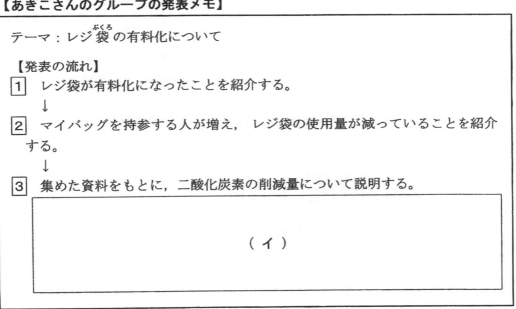

問題２　　あきこさんのグループが集めた**資料①〜⑤**の中から３つを選び，その３
　　　　つの資料を関連させながら，あきこさんのグループの発表メモの（　イ　）に
　　　　あてはまるように，二酸化炭素の削減量について説明しなさい。
　　　　　なお，選んだ３つの資料の番号も書きなさい。　　　　　　　　　　　（12点）

ごみ問題に関心をもったあきこさんは，父親と次のような会話をしました。

あきこ：今，学校の授業で，ごみ問題について調べているのよ。
父　親：どんなことを調べているのかな。
あきこ：わたしのグループでは，レジ袋の有料化について調べているの。小さなことでも，ごみの削減につながることがわかったわ。
父　親：この**資料1**を見てごらん。私たちが住んでいる一関市でも，平成28年度に，市が収集するごみを今後5年間で減量していく計画を立てたんだよ。平成30年度までの実際のごみ収集状況は，**資料2**のようになっているよ。

資料1【一関市のごみの減量計画の目標値】

年　度	平成29年度	平成30年度	令和元年度	令和2年度	令和3年度
ごみ排出量目標	35566 t	34336 t	33223 t	31825 t	30790 t
資源化量目標※1	5762 t	5665 t	5582 t	5442 t	5358 t
リサイクル率目標※2	16.2%	16.5%	16.8%	17.1%	17.4%

(H29.3 一関市一般廃棄物減量基本計画より作成)

※1　資源化量は，排出されたごみをそのまま，または何らかの処理を行い，原料や燃料等として使用した量。

※2　リサイクル率は，ごみ排出量をもとにした資源化量の割合。

資料2【一関市のごみの収集状況】

年　度	平成29年度	平成30年度
ごみ排出量	36317 t	35607 t
資源化量	5436 t	5991 t
リサイクル率	15.0%	16.8%

(令和元年度版一関市統計要覧より作成)

問題3　次のア〜エについて，**資料1**，**2**から言えることとして適切なものには
〇，適切ではないものには×を書きなさい。　　　　　　　　（2点×4）

ア　リサイクル率を年に 0.3％ずつ上げていくために，ごみ資源化量を年々
　　　増やしていく計画になっている。

イ　平成 29 年度は，資源化量があと 326 t 多ければリサイクル率を達成で
　　　きていた。

ウ　平成 30 年度は資源化量，リサイクル率の目標を達成することができた
　　　が，ごみ排出量の目標は達成できなかった。

エ　平成30年度のリサイクル率は令和元年度の目標値を達成しているので，
　　　令和元年度のリサイクル率は16.8％よりも高くなることが確実である。

一関市のごみ減量計画について知ったあきこさんは，学校で次のような会話をしました。

あきこ：私たちが住んでいる一関市でも，ごみを減らしていく計画を立てて取り組んでいるということを初めて知りました。

先　生：このようなごみ問題は今，世界全体の課題でもありますね。ところで，みなさんは，ＳＤＧｓ（エス・ディー・ジーズ）について聞いたことがありますか？

たかし：最近いろいろなところでポスターを見ることがあります。

先　生：ＳＤＧｓとは，「持続可能な開発目標」という意味です。すべての人が豊かで，健康で，差別を受けない世界，そして，地球の環境を守りながら，みんなが満足して働ける社会を目指すために，2015年9月に，国際連合（国連）の総会で，世界のすべての人が取り組むべき目標として設定されました。この**資料3**を見てごらん。

あきこ：目標が17もあるんですね。

先　生：今みなさんが調べている_Aごみ問題も，17の目標に関わっていますよ。

たかし：ＳＤＧｓは，僕たちにとって身近なことなんだね。

問題4　　下線部Ａについて，「ごみの減量」はＳＤＧｓのどの目標の達成に関わっていると考えられますか。**資料3**の目標1〜17の中から1つ選び，その番号と，選んだ理由を書きなさい。　　　　　　　　　　　　　　　（10点）

資料3【ＳＤＧｓの17の目標】

1 貧困を なくそう	**目標１：貧困をなくそう** 地球上のあらゆる形の貧困をなくそう	2 飢餓を ゼロに	**目標２：飢餓をゼロに** 飢えをなくし，だれもが栄養のある食糧を十分に手に入れられるよう，地球の環境を守り続けながら農業を進めよう
3 すべての人に 健康と福祉を	**目標３：すべての人に 健康と福祉を** だれもが健康で幸せな生活を送れるようにしよう	4 質の高い教育を みんなに	**目標４：質の高い教育を みんなに** だれもが公平に，良い教育を受けられるように，また一生に渡って学習できる機会を広めよう
5 ジェンダー平等を 実現しよう	**目標５：ジェンダー平等 を実現しよう** 男女平等を実現し，すべての女性と女の子の能力を伸ばし可能性を広げよう	6 安全な水とトイレ を世界中に	**目標６：安全な水とトイ レを世界中に** だれもが安全な水とトイレを利用できるようにし，自分たちでずっと管理していけるようにしよう
7 エネルギーをみんなに そしてクリーンに	**目標７：エネルギーをみんなに そしてクリーンに** すべての人が，安くて安全で現代的なエネルギーをずっと利用できるようにしよう	8 働きがいも 経済成長も	**目標８：働きがいも経済成 長も** みんなの生活を良くする安定した経済成長を進め，だれもが人間らしく生産的な仕事ができる社会を作ろう(2025年までに，子どもの兵士をふくめた，働かなければならない子どもをなくそう)
9 産業と技術革新の 基盤をつくろう	**目標９：産業と技術革新の 基盤をつくろう** 災害に強いインフラを整え，新しい技術を開発し，みんなに役立つ安定した産業化を進めよう	10 人や国の不平等 をなくそう	**目標10：人や国の不平等 をなくそう** 世界中から不平等を減らそう
11 住み続けられる まちづくりを	**目標11：住み続けられる まちづくりを** だれもがずっと安全に暮らせて，災害にも強いまちをつくろう	12 つくる責任 つかう責任	**目標12：つくる責任 つかう責任** 生産者も消費者も，地球の環境と人々の健康を守れるよう，責任ある行動をとろう
13 気候変動に 具体的な対策を	**目標13：気候変動に 具体的な対策を** 気候変動から地球を守るために，今すぐ行動を起こそう	14 海の豊かさを 守ろう	**目標14：海の豊かさを守 ろう** 海の資源を守り，大切に使おう
15 陸の豊かさも 守ろう	**目標15：陸の豊かさも守 ろう** 陸の豊かさを守り，砂漠化を防いで，多様な生物が生きられるように大切に使おう	16 平和と公正を すべての人に	**目標16：平和と公正を すべての人に** 平和でだれもが受け入れられ，すべての人が法や制度で守られる社会をつくろう
17 パートナーシップで 目標を達成しよう	**目標17：パートナーシップで 目標を達成しよう** 世界のすべての人がみんなで協力しあい，これらの目標を達成しよう		

（国際連合広報センターのＨＰ，公益財団法人
日本ユニセフ協会のＨＰ　資料より作成）
※イラスト省略

たかしさんは，ＳＤＧｓについて，先生と次のような会話をしました。

たかし：岩手県内では，どのようなＳＤＧｓの取り組みが行われているのですか。

先　生：「ＳＤＧｓ未来都市」について聞いたことはあるかな。ＳＤＧｓの達成に向けた優れた取り組みを提案している県や市町村を国が選定するもので，岩手県では 2019 年に陸前高田市，2020 年に岩手町が「ＳＤＧｓ未来都市」に選ばれていますよ。

たかし：母が岩手町出身なので，僕も何度も岩手町に行ったことがあります。岩手町のＳＤＧｓの取り組みについて，くわしく調べてみたいと思います。

　たかしさんは，岩手町のＳＤＧｓの取り組みについて調べる中で，「木質バイオマス」の取り組みにきょう味をもち，調べた内容を次のようにノートにまとめました。

資料４【岩手町の木質バイオマスの取組についてまとめたたかしさんのノート】

1　木質バイオマスとは？
　「バイオマス」とは，“生物資源”のこと。木材からなるバイオマスのことを「木質バイオマス」と呼ぶ。木質バイオマスエネルギーを利用するには，主に，森林を育てる過程で発生する間伐材や樹木の伐採，また，製材の過程で発生する端材・おがくずなどをペレットやチップに加工して，暖房・給湯といった熱利用や発電など様々なかたちに変えて使うことができる。

【代表的な３つの木質燃料】

薪　　　　　　　チップ　　　　　　ペレット

  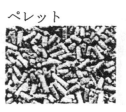

2　木質バイオマス使用による地球温暖化防止
　木は地中の水と大気中の二酸化炭素を吸収し光合成を行って成長するため，燃料として使用しても，二酸化炭素の排出はプラスマイナスゼロとみなされる。化石燃料の代わりに木質バイオマスを利用すれば，これまで排出されていた二酸化炭素を削減することができ，地球温暖化防止へ貢献することができる。

（次ページに続く）

3 木質バイオマス使用による地域の活性化

　特定の国や地域に偏って産出される化石燃料（石油，石炭等）と違い，木質バイオマスは身近な地域の資源である。木質バイオマスを活用することは，エネルギーを地域で安定的に供給できることによる安全安心なエネルギー確保，林業・木材産業等の活性化，地域内における資源やお金の循環へつながることが期待される。

4 まとめ

　岩手町の総面積 360.46km² のうち，約 75％が山林・原野です。冬季の平均気温はマイナス 4 ℃前後となり，冬場には多くの暖房用エネルギーとして化石燃料を消費しているようです。今後，岩手町の特徴を活かし，地球環境に優しい木質バイオマスが積極的に使われるようになれば，岩手町の「経済」「社会」「環境」がより発展していくと思いました。

（岩手町 SDGs 未来都市計画　トリプルボトムラインによる町の持続可能性
向上モデルの構築・実証　〜SDGs 姉妹都市×リビングラボ 〜　より作成）

問題5 　　たかしさんのノートから読み取れる内容として正しいものはどれですか。次のア〜オの中から適当なものを**すべて**選び，その記号を書きなさい。

(10 点)

ア　大気中の二酸化炭素の削減には，化石燃料より木質バイオマスのほうが有効である。

イ　木は燃やしても二酸化炭素を排出しないので，環境に優しいエネルギーである。

ウ　木質バイオマスは，発電できるほどのエネルギーはないが，暖房や給湯には十分利用することができる。

エ　木質バイオマスの活用により，地域の林業・木材産業等の活性化が期待される。

オ　木質バイオマスの活用により，岩手町では化石燃料を使う必要がなくなっている。

たかしさんとあきこさんは，次のような会話をしました。

あきこ：ＳＤＧｓの 17 の目標について，私たちにも，_B<u>学校生活の中で貢献で</u>
　　　　<u>きること</u>があるんじゃないかな。

たかし：僕たちにできることなんてあるの？

あきこ：例えば，環境委員会が「グリーンカーテン
　　　　プロジェクト」として行っている，教室の
　　　　ベランダに日よけを設置する取り組みは，
　　　　節電に効果があるから，目標 7 の「エネル
　　　　ギーをみんなに　そしてクリーンに」の達
　　　　成に貢献することだと思うよ。

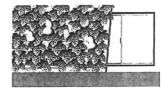

たかし：なるほど，そんな風に考えると，いろいろできることがありそうだね。

問題６　　下線部Ｂについて，14 ページの**資料３**の 17 の目標の中から２つを選び，
　　　　選んだ目標の番号と，その目標を達成するためにあなたが学校生活の中でで
　　　　きる行動を具体的に書きなさい。ただし，会話文に出てきた「グリーンカー
　　　　テンの設置」は除_{のぞ}くものとします。　　　　　　　　　　　　　　　（５点×２）

K 教英出版

問題5　下線部D「ストローを使って息をふきこむ」の操作は，何のために行うものか説明しなさい。　(10点)

問題6　次の（1），（2）の問いに答えなさい。　（5点×2）
（1）　下線部Eについて調べるためには，実験計画の$\boxed{1}$～$\boxed{5}$の手順のうち，どれを変えればよいですか。変える番号と，どのように変えるか説明しなさい。

（2）　下線部Fについて調べるためには，実験計画の$\boxed{1}$～$\boxed{5}$の手順のうち，どれを変えればよいですか。変える番号と，どのように変えるか説明しなさい。

2 幼稚園訪問の活動

　銀河中学校では，グループごとに幼稚園を訪問し，幼児とふれあう活動をしています。

　こうしさんとわかさんのグループでは，マスクを作り，幼児にプレゼントしようと考えています。こうしさんとわかさんは，次のような会話をしました。

わ　か：先生から，マスクを作るための材料の生地をもらってきたよ。生地の大きさは，縦 90cm，横 140cm の長方形だね。

こうし：僕はマスクの型紙を準備しておいたよ。型紙は縦 12cm，横 15cm の長方形だよ。

わ　か：まずはこの生地を，型紙の長方形の大きさに切り分けよう。

こうし：なるべく多くとりたいね。最大で何枚とれるかな？

問題１　　縦 90cm，横 140cm の長方形の生地を，型紙に沿って縦 12cm，横 15cm の長方形に切り分けるとき，長方形の型紙を最大で何枚とることができるか答えなさい。
　　　　　ただし，余った生地を貼り合わせることはしないこととします。（12 点）

【先生にもらった生地と，用意した型紙】

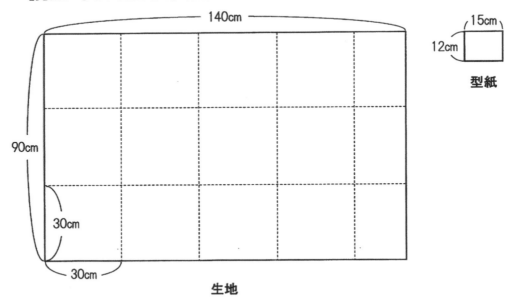

生地

※図の中の点線の目盛りは，実際の生地には入っていません。

こうしさんは，幼稚園を訪問したときに，幼児に手品を見せて喜ばせたいと考え，家で手品の練習をしています。下の図は，手品の手順を示したものです。

【手品の手順】

手順1　マッチ棒を2，3本まとめて火をつけ，牛乳びんの中に入れる。
手順2　びんの口に，からをむいたゆで卵をのせる。

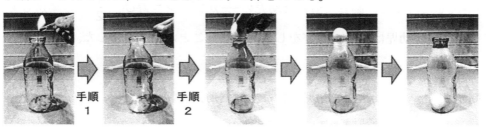

こうしさんは，練習の様子を見ていた母親と次のような会話をしました。

母　親：すごい，びんの口の直径より大きいゆで卵が，吸い込まれるようにびんの中に入っちゃった！
こうし：子どもたちがおどろいてくれるといいな。
母　親：ところで，びんの中のゆで卵はこのあとどうするの？
こうし：実はこの手品には続きがあるんだ。これから，びんを割らずに，びんの中のゆで卵をきれいに取り出してみせるよ！

こうしさんは，びんの中からゆで卵を取り出すための道具として，60℃のお湯が入ったボウルと，氷水が入ったボウルの2つを用意しました。

問題2　　こうしさんが用意した道具を使って，びんの中に入っているゆで卵を取り出す方法を説明しなさい。
ただし，60℃のお湯と氷水の両方を必ず使うこととします。　　　（12点）

こうしさんとわかさんのグループは，銀河幼稚園を訪問しました。

　わかさんは，自由遊びの時間に，外の園庭で幼児たちとボール遊びをしました。わかさんが一緒にボール遊びをした幼児の数は，12人でした。

　わかさんは，幼児たちが他にどんな遊びをして過ごしたのかを調べてみました。

　その結果，園庭で遊んだ幼児が全体の$\frac{3}{4}$，室内のホールで遊んだ幼児が全体の$\frac{1}{4}$でした。また，園庭で遊んだ幼児の$\frac{1}{6}$がブランコ遊び，$\frac{1}{2}$が砂場遊びをして，それ以外の幼児はボール遊びをして過ごしたことがわかりました。

問題3　　この幼稚園の幼児の数は全部で何人か答えなさい。　　　　　（12点）

問題は次のページへ続きます

この日，銀河幼稚園では，月に一度のお誕生会が開かれます。こうしさんとわかさんは，ケーキを切り分ける手伝いをすることになり，幼稚園の先生と次のような会話をしました。

> 先　生：このケーキを5等分に切ってもらえるかな。
> わ　か：底面が正方形のケーキなんですね。側面にも
> 　　　　クリームがぬってあって，すごくおいしそう。
> 　　　　切り方は，**図1**のようにしていいかな？
> こうし：この切り方だと，ケーキの体積は均等だけど，
> 　　　　両はじのケーキの側面のクリームの量が多
> 　　　　くて不公平な気がするなあ。
> 先　生：**図2**のように切れば，ケーキの体積も，側面のクリームの量も均等なので，公平ですよ。
> わ　か：なぜこの切り方だと，公平といえるのかな。

図1
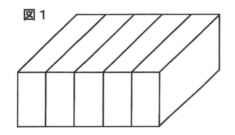

図2
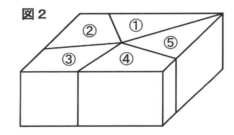

図3【図2の底面を上から見た図】

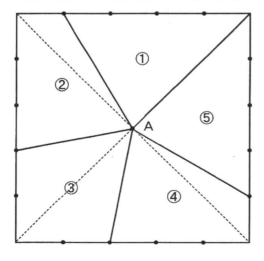

※**図3**の点Aは，底面の正方形の対角線の交わる点で，辺の上の点は，各辺の長さを5等分する点とする。

こうしさんとわかさんは，**図2**の切り方で，ケーキの体積も，側面のクリームの量も均等に分けることができる理由について考え，次のような会話をしました。

わ　か：各辺の長さを5等分する点を利用して，切り分けているね。
こうし：側面のクリームの量が均等であることは，長方形の面積の関係からすぐにわかるね。
わ　か：**図2**の①〜⑤のケーキの高さはすべて等しいから，**図3**の①〜⑤の多角形の面積がすべて等しければ，5つのケーキの体積もすべて等しいと言えるね。
こうし：まず，①の三角形と②の四角形の面積が等しいか考えてみよう。

　こうしさんは，**図3**の①の三角形と②の四角形の面積が等しいわけを，次のように説明しました。

【こうしさんの説明】

　右の図のように，①の三角形をアとイの2つの三角形に分け，②の四角形を，ウとエの2つの三角形に分ける。

　アとエの三角形は，合同なので，面積は等しい。

　イとウの三角形は，底辺と高さが等しいので，面積は等しい。

　だから，①の三角形と②の四角形の面積は等しい。

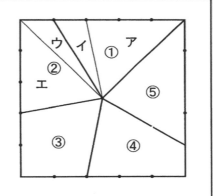

問題4　　**図3**の①の三角形と③の四角形の面積が等しいわけを，こうしさんの説明を参考にして，解答用紙にある図を用いてことばで説明しなさい。　（12点）

問題5　　**図2**において，長さが次のようになっているとき，④のケーキの体積を求めなさい。
　　なお，ケーキの上の飾(かざ)りなどの体積は考えないものとします。　（12点）

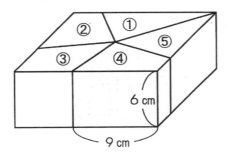

令和２年度

岩手県立一関第一高等学校附属中学校入学者選抜

適性検査Ⅰ

問題用紙

【９：５０ ～ １０：３０】（40分）

（注意）

1　先生の指示があるまで，この問題用紙を開いてはいけません。

2　問題は 1 から 2 までで，全部で10ページです。

3　答えは，すべて解答用紙に書きなさい。ただし，解答用紙の※印のところには，何も書いてはいけません。

4　答えは，数・式・図・言葉などで書くようになっています。問題をよく読んで，定められたとおりに書きなさい。

5　計算などは，問題用紙の空いているところを使いなさい。

6　印刷がはっきりしないときや筆記用具を落としたときなどは，だまって手をあげなさい。

7　答えは，濃くはっきり書きなさい。また，消すときは，消しゴムできれいに消しなさい。はっきりしない答えの場合，誤りになることもあります。

8　問題などは，声に出して読んではいけません。

9　時間内に終わっても，そのまま着席していなさい。

10　「やめなさい」の指示があったら，すぐに解答するのをやめて，解答用紙を机の中央に置きなさい。

受検番号

1 生徒会活動

　　銀河中学校生徒会は，2019年度の生徒会スローガンを『 花ひらけ ～みんなの力～ 』とし，様々な活動に取り組んでいます。

　　生徒会のリーダーは，このスローガンに合わせて，4月に百日草（ヒャクニチソウ）の種を買って育てることにしました。

図1

問題1　　生徒会のリーダーが買った種の袋（ふくろ）には，**図2**のような説明が書いてありました。

　　この袋に入っていた全部の種をまいたとき，85個の種が発芽しました。このとき，袋には全部で何個の種が入っていたと考えられますか。　　　　　　　　（10点）

図2

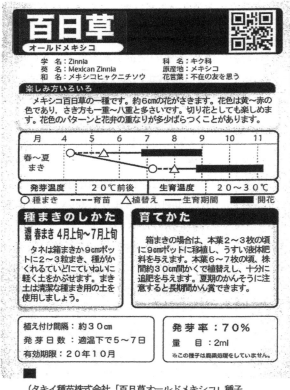

（タキイ種苗株式会社「百日草オールドメキシコ」種子パッケージより作成）

－ 1 －

生徒会のリーダーは，円形の育苗ポットをいくつか準備して，種まきをしました。

そして，それらの育苗ポットを，ベランダと生徒会室の2か所で育てることにしました。

2週間ほどしてから，2か所に置いていた育苗ポットを見比べながら，生徒会のリーダーの太郎さんと正美さんが話をしています。

太郎：あれ？生徒会室の育苗ポットは，ベランダに置いた育苗ポットに比べてあまり大きく成長していないね。

正美：どちらにも，肥料と水を同じように与えていたのにね。

太郎：ベランダと生徒会室のどちらの育苗ポットからも発芽したのに，どうして<u>A成長に差が出た</u>のだろうね。

正美：生徒会室は，ふだんはカーテンを閉め切っているからかな。

問題2　　下線部A「成長に差が出た」の理由として正しいものはどれですか。次の**ア〜エ**の中から1つ選び，その記号を書きなさい。　　　　　　　　　　　　（10点）

ア　発芽するためには，日光が必要で，大きく成長するためにも日光が必要だから。

イ　発芽するためには，日光が必要で，大きく成長するためには日光は必要ないから。

ウ　発芽するために，日光は必要ないが，大きく成長するためには日光が必要だから。

エ　発芽するために，日光は必要なく，大きく成長するためにも日光は必要ないから。

問題3　生徒会のリーダーが，1つの育苗ポットに2つずつ種をまいたところ，芽が1つ
だけ出た育苗ポットと芽が2つ出た育苗ポットが合わせて182個あり，全部で255
本の芽が出ました。

　　　このとき，芽が2つ出た育苗ポットの数を求めなさい。　　　　　　（10点）

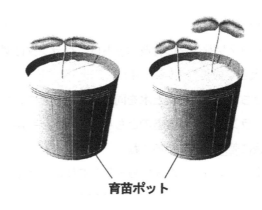

育苗ポット

生徒会のリーダーは，円形の育苗ポットを６個ずつひもでしばり，まとめて展示することにしました。

　このとき，育苗ポットをしばるのに，必要なひもの長さについて考えます。

問題4　　図３のように，直径９cmの６つの円を並べ，ＡとＢの並べ方で，その周りをたるまないようにひもで囲みます。ただし，ひもの結び目は，考えないものとします。

　　このとき，周りを囲んだひもの長さは，ＡとＢのどちらが長いといえますか。

　　ア～ウの中から正しいものを１つ選び，その記号を書きなさい。また，選んだ理由を言葉と式で説明しなさい。　　　　　　　　　　　　　（４点，８点）

図３

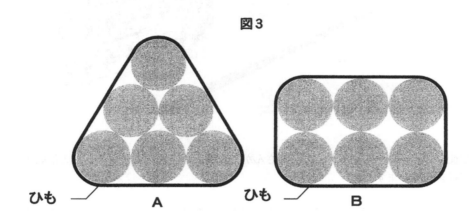

ア　周りを囲んだひもの長さは，Ａのほうが，Ｂより長い。

イ　周りを囲んだひもの長さは，Ｂのほうが，Ａより長い。

ウ　周りを囲んだひもの長さは，ＡもＢも等しい。

生徒会では，5月に「銀河中の種プロジェクト」に取り組みました。

　このプロジェクトは，下の**資料1**の写真のように，班のメンバーの良いところを用紙に記入してろう下に貼って，お互いを認め合おうとする活動です。

資料1

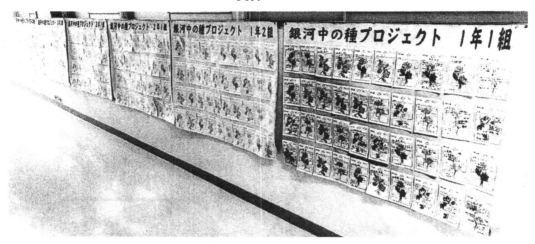

　　生徒会のリーダーの春子さんと三郎さんが，**資料1**の写真を見ながら，この活動をふり返って話をしています。

春子：今年度は，全学級とも縦に4列，横に10列できれいに貼れたけれど，来年度
　　　は，うまくいかないかもしれないね。

三郎：どうして？

春子：来年度の1年生は，1クラス35人だと聞いたわよ。

　　　2，3年生は，1クラス40人で変わらないとすると，35と40の公約数は5
　　　だから，台紙には縦に5列ずつ並べたほうが，きれいにろう下に貼れそうだね。

三郎：なるほど。小学校で習った公約数だね！

春子：1クラス37人など，人数が素数になると，きれいに並べて貼るのが大変だね。

令和２年度

岩手県立一関第一高等学校附属中学校入学者選抜
適性検査Ⅱ

問題用紙

【10：40 ～ 11：20】（40分）

（注意）

1　先生の指示があるまで，この問題用紙を開いてはいけません。

2　問題は 1 から 2 までで，全部で14ページです。

3　答えは，すべて解答用紙に書きなさい。ただし，解答用紙の※印のところには，何も書いてはいけません。

4　答えは，数・式・図・言葉などで書くようになっています。問題をよく読んで，定められたとおりに書きなさい。

5　計算などは，問題用紙の空いているところを使いなさい。

6　印刷がはっきりしないときや筆記用具を落としたときなどは，だまって手をあげなさい。

7　答えは，濃くはっきり書きなさい。また，消すときは，消しゴムできれいに消しなさい。はっきりしない答えの場合，誤りになることもあります。

8　問題などは，声に出して読んではいけません。

9　時間内に終わっても，そのまま着席していなさい。

10　「やめなさい」の指示があったら，すぐに解答するのをやめて，解答用紙を机の中央に置きなさい。

受検番号

1 米づくり

　さくらさんは，農業をしているおじいさんと次のような会話をしています。

> おじいさん：さくら，**G**20（ジートゥエンティ）って聞いたことあるか？
>
> 　　さくら：うん。各国の首脳が参加して毎年開かれる国際会議だよね。昨年は初め
> 　　　　　　て日本で開かれたんだよね。
>
> おじいさん：そう。その時の夕食会で，「銀河のしずく」という岩手のブランド米が使われ
> 　　　　　　たんだよ。「銀河のしずく」は平成30年度に「特A」という一番上の評価をと
> 　　　　　　ったんだよ。
>
> 　　さくら：「特A」すごいね。日本を代表するお米が，岩手から生まれたんだね。
>
> おじいさん：**G**20の夕食会で，各国の首相に食べてもらったことで，これからもっと世界中
> 　　　　　　で食べられるお米になるかもしれないね。
>
> 　　さくら：「銀河のしずく」，私も食べてみたいな。

問題1　　あるスーパーマーケットでは，価格の違う4種類の**ブランド米A～D**（5kg）が販売
されています。このとき，次の条件①～⑤から，**ブランド米A**の価格を求めなさい。

（12点）

　　＜条件＞
　　　① **ブランド米A**と**ブランド米B**では，価格に100円の差がある。
　　　② **ブランド米C**と**ブランド米D**では，価格に200円の差がある。
　　　③ **ブランド米D**の価格は，2840円である。
　　　④ **ブランド米A**と**ブランド米C**では，価格に200円の差がある。
　　　⑤ **ブランド米B**のほうが，**ブランド米C**よりも価格が高い。

「銀河のしずく」について興味をもったさくらさんは、「銀河のしずく」の評価について書かれた**資料1**をインターネットで見つけました。

資料1【「銀河のしずく」の評価】

見た目	香り	味	粘り	硬さ	総合評価
4.1	**3.7**	**3.9**	**4.1**	**3.7**	**4.0**
(26%)	(10%)	(10%)	(10%)	(10%)	(10%)

東京都内の※お米マイスター31人の評価の平均。
評価点：5（とても良い）, 4（良い）, 3（どちらともいえない）, 2（悪い）, 1（とても悪い）
下段（ ）内は、5点と評価したお米マイスターの割合。

> ※【お米マイスター】米に関する幅広い知識を持ち、米の特性を見極め、その良さを消費者に伝えることができる方。日本米穀商業組合連合会が認定。

（全国農業協同組合連合岩手県本部，「銀河のしずく美味しさの秘密」より作成）

問題2 資料1は、東京都内のお米マイスター31人による「銀河のしずく」の評価を表したものです。このとき、「香り」の合計点数が114点で、5点が3人いたとすると、4点をつけたお米マイスターは、少なくとも15人いることになります。

このとき、4点をつけたお米マイスターが14人だと、「香り」の平均が3.7にならないことを言葉と式で説明しなさい。 (12点)

おじいさん：今では，「量より質」の時代になってきたな。

　さくら：買う人が，よりおいしいお米を求めるようになってきているのね。

おじいさん：そうだね。品種改良が進められ，「銀河のしずく」は，岩手県で育てるのに優(すぐ)れた品種となっているよ。

　　　　　でも，同時に，A違う課題も出てきているんだよ。

資料２【農業を職業とする人の数及び年齢(れい)の変化】

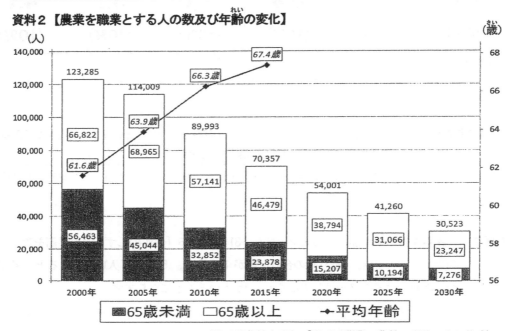

（岩手県農林水産部「岩手の農業・農林の現状」より作成）

問題３　上の会話の下線部**A**「違う課題」について，**資料２**から読み取れるものとして正しく表しているものは，どれですか。次の**ア～エ**の中から１つ選び，その記号を書きなさい。

（８点）

ア　2000年と2015年の農業を職業とする人の数をくらべると，2015年は，2000年のおよそ２倍に増加している。

イ　農業を職業とする人の数の減少とともに，平均年齢(れい)も低くなっている。

ウ　65歳未満の農業を職業とする人の数を比べると，2015年は，2000年からおよそ30％減っている。

エ　2030年には，農業を職業とする人の数が2000年の４分の１より，少なくなると予想される。

さらに，さくらさんは，どのような_B品種改良をして「銀河のしずく」ができたのかを調べようとしたところ，次の**資料3，資料4**を見つけました。

資料3【「銀河のしずく」ができるまでの品種のかけあわせ】

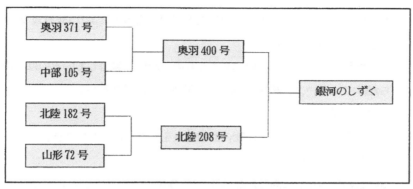

（岩手県農林水産部県産米戦略室資料より作成）

資料4　【各品種の特性】

品種名	長　　所	短　　所
奥羽371号	※いもち病に強い。収量が多い。 たおれにくい。冷害に強い。	米の見た目があまりよくない。
中部105号	いもち病に強い。	背が高く，たおれやすい。 冷害にやや弱い。
北陸182号	背が低く，たおれにくい。 とてもおいしい。	冷害にやや弱い。
山形72号	冷害に強い。	収量がやや少ない。
奥羽400号	いもち病にとても強い。収量が多い。 たおれにくい。冷害に強い。	米の見た目があまりよくない。
北陸208号	背が低く，たおれにくい。 とてもおいしい。冷害に強い。	いもち病にやや弱い。
銀河のしずく	背が低く，たおれにくい。収量が多い。 いもち病にとても強い。冷害にとても強い。 おいしい。米の見た目がよい。	

※【いもち病】カビ菌の一種で，湿気の多い環境で発生する。

（岩手農業研究センター資料より作成）

問題4　　下線部**B**「品種改良」とは，どのようなことか。**資料3，資料4**から，品種名を例にあげて説明しなさい。　　　　　　　　　　　　　（12点）

- 4 -

「銀河のしずく」のくわしい特ちょうについて知ったさくらさんは，農業試験場についての話をおじいさんから聞きました。

さくら：お米は，農家の人たちの様々な工夫と努力によって，よりおいしいお米が作られるようになったんだね。

おじいさん：そうだね。でも，おいしいお米づくりのために，努力しているのは，農家の人たちだけではないよ。農業試験場って聞いたことがあるかな？

さくら：農業試験場？

おじいさん：うん。農業試験場とは，作物の品種改良をしたり，新しい農業技術を開発したりするための研究機関だよ。

さくら：おいしい米づくりに向けた品種改良は，農家の人たちだけでなく，このような研究を進める人たちと一緒に取り組まれているんだね。

資料５【各地の農業試験場が何を重視して，品種改良を行っているか示した地図】

生態区Ｂ【耐寒性　いもち病※3抵抗性】

生態区Ａ【※1耐寒性　※2低温活着性】

生態区Ｄ
【※5耐暑性
※6トビイロウンカ抵抗性】

生態区Ｃ【いもち病抵抗性　※4縞葉枯病抵抗性】

地図中にある「•」は農業試験場等を示したものである。

※１【耐寒性】寒さに強い性質
※２【低温活着性】気温が低くても成長することができる性質
※３【抵抗性】それぞれの病気に強い性質
※４【縞葉枯病】葉などに縞状の模様が現れ，生育が悪くなり，枯れていく病気
※５【耐暑性】暑さに強い性質
※６【トビイロウンカ】稲の葉や茎から汁を吸って，枯らせてしまう昆虫の一種

（農林水産省　広報誌「aff」より全国の米の育種体制，全国農業協同組合連合　ヒントとコラム「稲の病気や害虫」より作成）

資料6【日本の平均気温の変化】

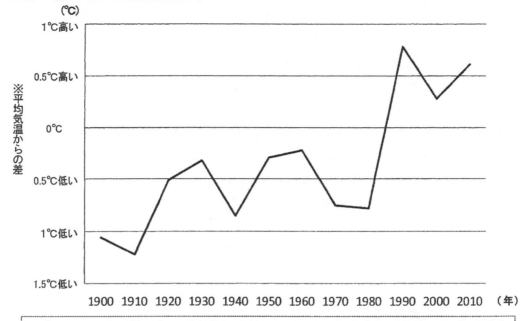

（気象庁ホームページ：日本の年平均気温偏差の経年変化（1898〜2018年）より作成）

問題5　**資料6**をもとにすると，**資料5**の**生態区A**や**生態区B**の面積は，今後どのように変化していくと予想されますか。考えられる予想を，次の**ア〜エ**の中から1つ選び，その記号を書きなさい。
（8点）

ア　温暖化が進んでいることから，**生態区A**や**生態区B**のような耐寒性を重視して品種改良を行う**面積**は，広くなることが予測される。

イ　温暖化が進んでいることから，**生態区A**や**生態区B**のような耐寒性を重視して品種改良を行う**面積**は，せまくなることが予測される。

ウ　寒冷化が進んでいることから，**生態区A**や**生態区B**のような耐寒性を重視して品種改良を行う**面積**は，広くなることが予測される。

エ　寒冷化が進んでいることから，**生態区A**や**生態区B**のような耐寒性を重視して品種改良を行う**面積**は，せまくなることが予測される。

最後に，おじいさんは，「岩手34号」という米の話をしてくれました。

> さくら：おじいさん，米づくりについての話をたくさん聞かせてくれてありがとう。
> 夏休みの宿題の課題研究は，「岩手の米づくり」をテーマにするよ。
>
> おじいさん：それはいいね。それなら，最後に一つだけ話をするよ。とても心温まる本当にあった話だ。
>
> さくら：聞きたい。
>
> おじいさん：岩手県では，寒さに強い「岩手34号」という新しい品種を，平成6年に販売させることを目指していた。しかし，平成5年に冷害が起き，次の年に作付けするための種もみが足りなくなってしまったんだ。
>
> さくら：じゃあ，「岩手34号」は，つくることができなくなったの？

　この後，さくらさんは，おじいさんから「岩手34号」の米づくりについての話を詳しく聞き，その内容に興味をもち，ノートにまとめました。

【さくらさんのノート】

「岩手34号」が販売されるまでの物語	
年（月）	内　容
平成5年（12月）	県はわずかに残った「岩手34号」の種もみ約2トンを（　　①　　）に送り，冬の間に稲を育てて，種もみを72トンにまで増やし，平成6年の田植えに間に合わせる大計画を立てる。
平成6年（1月）	種まき，育苗と順調に進み，その後，田植えが無事に終わる。
平成6年（4月）	3月末までの気象条件は良くなかったが，その後，天候が回復し，穂が出始める。
平成6年（5月）	刈り取りを行う。予想を上回る116トンの種もみを収穫する。
平成6年（5月）	「岩手34号」の種もみ第一便が岩手に到着する。
平成6年（5月）	玉山村（現在は，盛岡市）で県内初の田植えを行う。
平成6年（9月）	「岩手34号」を収穫。大豊作をもたらす。
平成6年（9月）	「岩手34号」の名称を全国から募集し，「かけはし」と決定する。

【感想】

　平成5年の思いもよらない冷害をこの大計画でのりこえ，「かけはし」のデビューにつながったことに感動した。岩手県と（　　①　　）の交流のきっかけになったぴったりの名前だと思った。

令和二年度

岩手県立一関第一高等学校附属中学校入学者選抜

作 文

問題用紙

【十一時四十分〜十二時十分】（三十分）

（注意）

一　先生の指示があるまで、この問題用紙を開いてはいけません。

二　問題用紙と解答用紙はそれぞれ一部ずつあります。

三　解答用紙の※印のところには、何も書いてはいけません。

四　印刷がはっきりしないときや筆記用具を落としたときなどは、だまって手をあげなさい。

五　答えは、濃くはっきり書きなさい。また、消すときは、消しゴムできれいに消しなさい。はっきりしない答えの場合、誤りになることもあります。

六　問題などは、声に出して読んではいけません。

七　時間内に終わっても、そのまま着席していなさい。

八　「やめなさい」の指示があったら、すぐに解答するのをやめて、解答用紙を机の中央に置きなさい。

受 検 番 号

令和二年度
岩手県立一関第一高等学校附属中学校
入学者選抜

作文　解答用紙

1

| 受検番号 |
| 氏　　名 |

得　　点
※

※30点満点

適 性 検 査 I・II

解答用紙

受検番号	氏　名

令和2年度 岩手県立一関第一高等学校附属中学校入学者選抜 適性検査 I

1 生徒会活動

問題1		個	※ /10
問題2			※ /10
問題3		個	※ /10
問題4	(記号)		※ /4
	(理由)		※
			/8
問題5	(1)		※ /6
	(2)		※ /6
	(3)		※ /6

※ /60

2 野外活動

問題1	分　　　　秒後	※ /10
問題2	（　　　　　）のグループ	※ /4
	(理由)	※
		/8
問題3	(式)	※ /4
	(答え)　　　　　cm³	※ /4
問題4		※ /8
問題5	(A)	※ /4
	(理由)	※
		/8
問題6		※ /10

※ /60

受検番号
氏　名

※120点満点

得　　点
※

【解答用

令和2年度 岩手県立一関第一高等学校附属中学校入学者選抜 適性検査Ⅱ

1 米づくり

問題1	円	※ /12
問題2		※ /12
問題3		※ /8
問題4		※ /12
問題5		※ /8
問題6		※ /8

※ /60

2 キャッシュレス決済と私たちのくらし

問題1		※ /10
問題2	円	※ /12
問題3		※ /10
問題4	①	※ /6
	②	※ /6
	③	※ /6
問題5		※ /10

※ /60

受検番号

氏　名

※120点満点

得　　点
※

K 教英出版

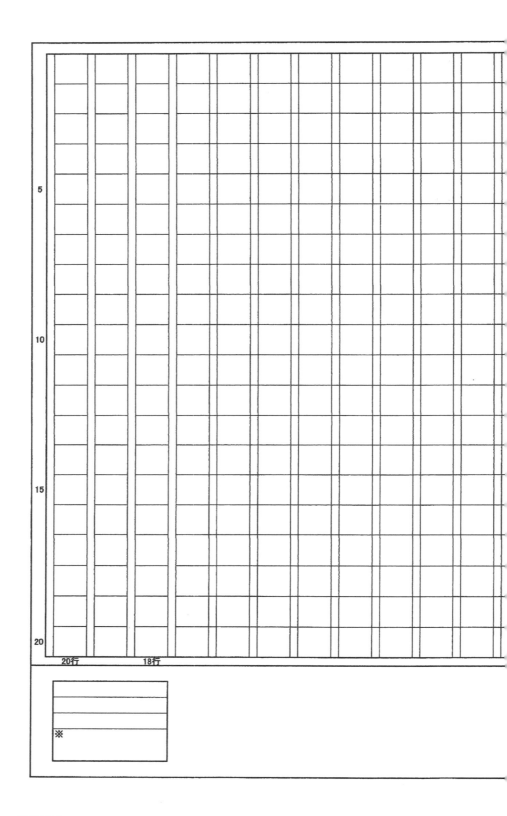

① 次の資料を読み、あとの問題に答えなさい。

左のグラフは、小・中学生のスマートフォンの所持率（もっている人の割合）の変化を表したものです。

このグラフでは、年々、小・中学生のスマートフォンの所持率が高くなっていることが分かります。特に、中学生は半数以上の生徒がスマートフォンを持っていることになります。

スマートフォンは、安全に正しく使うことができればとても便利なものですが、気を付けなければならない点もあります。

※ スマートフォンとは、インターネット上のサイトをパソコンと同じように見ることができ、パソコンと同じような機能を自由に追加できる携帯電話のことです。

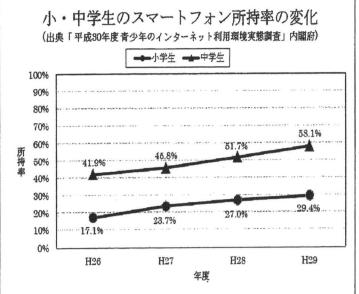

小・中学生のスマートフォン所持率の変化
（出典「平成30年度青少年のインターネット利用環境実態調査」内閣府）

―●― 小学生　―▲― 中学生

所持率

	H26	H27	H28	H29
中学生	41.9%	45.8%	51.7%	58.1%
小学生	17.1%	23.7%	27.0%	29.4%

年度

問題

あなたがスマートフォンを持つとしたら、どのように使っていきたいですか。

スマートフォンの「便利な点」と「気を付けなければならない点」の具体的な例をそれぞれあげながら、あなたの考えを書きなさい。ただし、**〈記述の条件〉**に合わせて書きなさい。（三十点）

〈記述の条件〉

○ 二段落以上で構成し、段落のまとまりに気を付けて書くこと。
○ 原こう用紙の正しい使い方にしたがって書くこと。
○ 十八行以上二十行以内で書くこと。

問題6　　さくらさんのノートの（　①　）には，ある都道府県名が入ります。次の**ア〜エ**
の中から１つ選びその記号を書きなさい。　　　　　　　　　　　　　　　　（8点）

　　　ア　北海道　　　　**イ**　秋田県　　　**ウ**　新潟県　　　　**エ**　沖縄県

2 キャッシュレス決済と私たちのくらし

　　こゆきさんは、お母さんと一緒に盛岡市内のデパートへ買い物に行く途中、「でんでんむし号」というバスに乗りました。他のお客さんが乗り降りする様子を見ていると、以前と違う点に気付きました。

こゆき：あれ？お客さんが、カードを機械にタッチして乗車しているわ。あれは何かしら？

お母さん：あれは、「**odeca（オデカ）**」というカードよ。事前にカードにお金を入金（チャージ）することで、バスに乗り降りする時にカードを機械にタッチするだけで、料金が支払われる仕組みなの。実験的に、2021年までこの仕組みを導入して、岩手県内でどう広めていくか、これから考えるみたいだよ。

※写真省略
（ｏｄｅｃａ）

こゆき：そうなんだ。お母さんも、東京に旅行に行った時は、「**Suica（スイカ）**」というカードを使っていたよね。

お母さん：そうよ。でんでんむし号では、「**odeca**」だけでなく「**Suica**」も使えるようになったの。だから、今日乗る時も「**Suica**」を機械にタッチして、利用してみたの。

※写真省略
（Ｓｕｉｃａ）

（JR東日本ホームページより作成）

こゆき：でんでんむし号は、他の地域からの観光客や修学旅行生など、地元以外のお客さんも乗ることが多いから、こういう仕組みがあると便利だよね。

お母さん：「**odeca**」や「**Suica**」を利用する時のように、現金を使わずに支払う方法のことを、キャッシュレス決済というのよ。

問題1　でんでんむし号で「**Suica**」が使えることについて、どのようなよいことがあると考えられますか。会話文を参考にして、次の**ア〜エ**の中から適当なものをすべて選び、その記号を書きなさい。　　　　　　　　　　　　　　　（完全解10点）

　ア　バスに乗る際に、現金を出さずに、カードを機械にタッチするだけで支払いができること。

　イ　観光客や修学旅行生だけがカードを利用できるということ。

　ウ　他の地域でも使われているカードを利用できると、新たなカードを用意する必要ないこと。

　エ　でんでんむし号を利用すると、カードに自動的に入金されること。

こゆきさんは，お母さんと買い物をしていて，お店に**資料１**のポスターが貼られていること
に気付きました。

資料１【キャッシュレス還元対象店舗案内】

(経済産業省ホームページ「キャッシュレスポイント還元事業」より作成)

こゆき：キャッシュレスでお支払いだと５％還元って書いているわ。

お母さん：このポスターが貼られているお店でキャッシュレス決済すると，割引になる仕組みなの
よ。消費税が８％から10％に上がった2019年の10月から2020年の６月まで限定して
行われている取り組みなの。

こゆき：例えば，1000円の文房具を買うと，今だと消費税が10％だから1100円。
でも，キャッシュレス決済で，５％還元のお店だと1100円の５％分のお金が還元され
るから，実際は55円引かれて，1045円分支払うことになるね。

お母さん：消費税が上がる前よりも，実際の支払う金額より少なくなる場合があるのよ。

問題２ お母さんは，５％還元の対象店舗で，5000円分の洋服をキャッシュレス決済で買い
ました。お母さんが，実際に，支払った金額はいくらになりますか。ただし，消費税の
10％とキャッシュレス決済による５％還元をふくめて考えなさい。 （12点）

こゆきさんは，キャッシュレス決済について興味をもち，家に帰ってからインターネットなどで，キャッシュレス決済について調べてみました。キャッシュレス決済をするためのお金の入金方法は，大きく分けると「先払い」と「後払い」の２つあることが分かりました。そこで，こゆきさんは，それぞれの決済方法について，下の**資料２**にまとめました。

資料２【こゆきさんが調べたキャッシュレス決済の種類と支払いの方法の例】

	先払い	後払い
支払い方法	前もってカードに入金（チャージ）して，現金の代わりに使う。何度でも入金することができる。	商品を手に入れ，期日までに自分の銀行口座から，一回で，もしくは数回に分けて支払う。
種類	Suica WAON PayPay	VISA JCB Origami Pay

問題３　こゆきさんの使っている「**WAON**」は，前もってカードに入金（チャージ）した分だけしか使えないものです。こゆきさんの「**WAON**」は，後払いの決済と比べて，どのような特徴がありますか。次の**ア～オ**の中から適当なものをすべて選び，その記号を書きなさい。
（完全解10点）

ア　カードに繰り返しチャージして，何度でも支払いに利用できる。

イ　誰でも使用可能なため，紛失すると他人に使われてしまうおそれがある。

ウ　支払いきれない金額のものを購入してしまう場合がある。

エ　入金した金額を超えるものは購入できない。

オ　自分の銀行口座に残高がなければ使用できない。

こゆきさんは，お母さんと，キャッシュレス決済の影響について，次のような会話をしました。

こゆき：キャッシュレス決済が進むと，買い物の仕方だけではなく，物を販売する店側の働
　　　　き方も変わっていくね。

お母さん：ニュースでも言っていたけど，今後の日本社会の変化を考えると，確かにA課題が
　　　　　あるわね。

こゆき：社会の授業でも勉強したよ。

資料３【日本の人口のこれまでの推移と今後の推移予想】

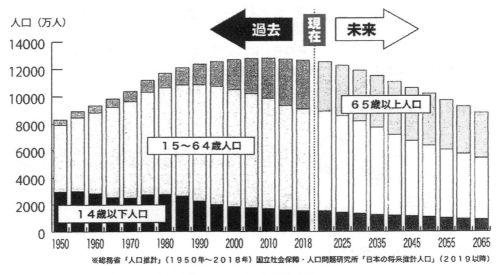

※総務省「人口推計」（1950年〜2018年）国立社会保障・人口問題研究所「日本の将来推計人口」（2019以降）

（総務省「人口推計」国立社会保障・人口問題研究所「日本の将来推計人口」より作成）

問題４　　下線部**A**「課題」とは，どのようなことか。**資料３**をもとに，下の文の（　①　）
　　　　〜（　③　）にあてはまる語句を書きなさい。　　　　　　　　　　（６点×３）

┌─＜課題＞─────────────────────────────────────
│　　日本は，（　①　）化が進み，全人口は，減少していくが，（　　　②　　　）が
│　上昇することで，これまで以上に（　③　）化の進んだ超（　③　）社会になる。その
│　ため，経済や社会保障などに影響が出る。
└───

こゆきさんが，キャッシュレス決済について様々調べた後，家族の中で次のような会話をしました。

> こゆき：キャッシュレス決済って，本当にたくさんの種類があるのね。
>
> お母さん：スマートフォンでQRコードを読み取って，決済する方法も広まっているわよ。でも，QRコードっていろいろな種類があるから，どの店でどのQRコードが使えるか確かめなくてはならないのが大変よね。
>
> お父さん：最近は，いろいろあるQRコードを一つにした「JPQR」というものが出てきたんだよ。岩手県は，「JPQR」の普及と促進の取り組みを重点的に行う地域に指定されているんだ。インターネットには，専用のホームページもあるんだよ。

QRコード決済の方法と「JPQR」について，こゆきさんが見たホームページに，次の**資料4，資料5，資料6**のように示されていました。

資料4【QRコードとスマートフォン】

QRコード

> QRコードにスマートフォン（QRコード読み取りアプリがダウンロード済）をかざすとQRコードの情報を読み取ることができる

資料5【JPQRの導入前】

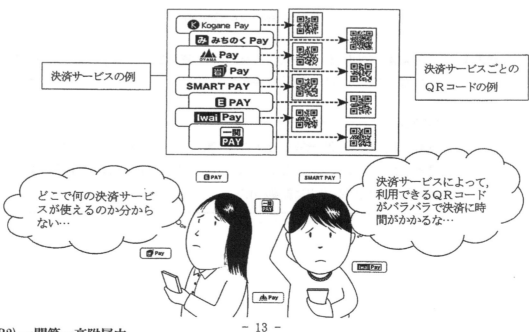

決済サービスの例

- Kogane Pay
- みちのく Pay
- OYAMA Pay
- 晋 Pay
- SMART PAY
- E PAY
- Iwai Pay
- 一関 PAY

決済サービスごとのQRコードの例

> どこで何の決済サービスが使えるのか分からない…

> 決済サービスによって，利用できるQRコードがバラバラで決済に時間がかかるな…

資料6 【JPQRの導入後】

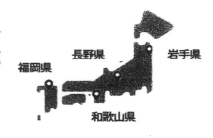

「JPQR」は、全国に先駆けて
4県で先行実施 START!

福岡県　長野県　岩手県　和歌山県

このツールが目印!

ぜひお近くの地域で探してみてください!

※JPQRコード
決済利用可能店を
知らせる内容

教英出版編集部

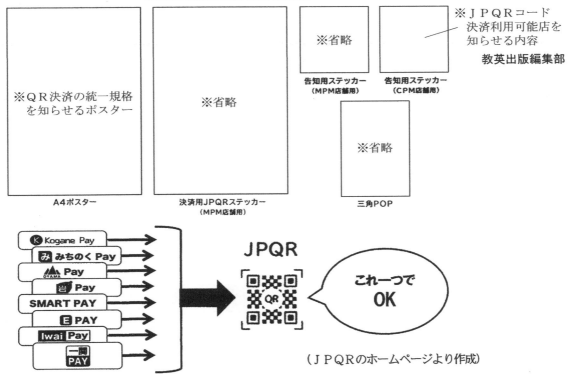

（JPQRのホームページより作成）

問題5　「JPQR」の普及と促進の取り組みは，私たちにとってどのような便利なところが
あると考えられますか。**資料4，資料5，資料6**を参考にして，次の**ア～オ**の中から適
当なものをすべて選び，その記号を書きなさい。　　　　　　　　（完全解10点）

ア　岩手県であれば，どこの店でも「JPQR」を利用することができる。

イ　決済サービスごとにQRコードを選ばなくてもよい。

ウ　現在は，全国どこでも「JPQR」を利用することができる。

エ　多くの店でQRコードを使った決済が可能になる。

オ　「WAON」などの先払いのカードでも決済できる。

問題5　　次の問いに答えなさい。

（1）　　1 から 20 までの数のうちで，素数をすべて答えなさい。　　　　　（6点）

（2）　　35 の約数をすべて答えなさい。　　　　　（6点）

（3）　　1 から 40 までの数のうちで，約数がもっとも多い数を答えなさい。　　　　　（6点）

② 野外活動

　ある小学校の野外活動で，カレーライスを作ることになりました。この日は，風もなく天気のよい日でした。

　桃子さんと一郎さんは，野菜の皮をむく係，大和さんと綾子さんは，野菜を洗って，かまどを作る係です。

問題1　30個のじゃがいもの皮を1人でむくと，桃子さんは20分，一郎さんは15分かかります。

　桃子さんと一郎さんが，2人で協力して30個のじゃがいもの皮を同時にむきはじめましたが，5分後に，一郎さんは，火を起こす手伝いに行くことになり，残りの皮むきは，桃子さん1人ですることになりました。

　このとき，30個のじゃがいもの皮むきを終えるのは，2人が皮をむき始めてから**何分何秒後**になるか答えなさい。　　　　　　　　　　　　　　　　　（10点）

問題2　大和さんと綾子さんは，石を並べ，かまどを作りました。大和さんは，となりのグループのかまどを見て，石の置き方に，**図1**のような違いがあることに気付きました。このまま，かまどの内側でたき火をすると，一方のたき火は，よく燃えますが，もう一方のたき火は，あまり燃えません。

　大和さんのグループと**となりのグループ**のどちらのほうがよく燃えますか。また，その理由を説明しなさい。　　　　　　　　　　　　　　　　　　（4点，8点）

図1【かまどを上から見た図】

<大和さんのグループ>　　　　　　　<となりのグループ>

大和さんと綾子さんは，野菜を洗っているときに，次のような会話をしていました。

大和：にんじんとじゃがいもは，水に沈（しず）むのに，玉ねぎが
　　　水に浮くのはなぜだろう。

綾子：玉ねぎが，一番軽いからかな。

大和：でも，この一番大きい玉ねぎは浮いているよ。
　　　明らかに，この小さいじゃがいもより重そうだよ。

綾子：不思議だね。水に浮くか沈むかは，何で決まるのかな。
　　　あとで調べてみよう。

図2【野菜の浮き沈み】

後日，大和さんと綾子さんは，ものの浮き沈みが何で決まるのかを調べるため，先生と
理科室に行きました。

大和：野菜の重さと体積を計ってみよう。

綾子：重さは，はかりを使えばすぐ計れるけど，体積は，どうやって計ろうか。

大和：水そうと水を使えば，計ることができるよ。算数の問題で見たことがあるよ。

綾子：水に浮いてしまう玉ねぎは，どうすればいいの。

先生：細い針金を使って水中に押（お）しこめばいいですよ。
　　　あとは，水の重さと体積も計って，野菜や牛肉と比べてみてください。

大和：同じ体積あたりのときの重さを比べればいいですね。やってみます。

問題3　　図3のような水を入れた水そうにかぼちゃを入れると，図4のように水面が高く
　　　　なりました。このとき，水そうに入れたかぼちゃの体積を求める式と答えを書きな
　　　　さい。

（4点×2）

図3　　　　　　　　　　　　　　　　　　図4

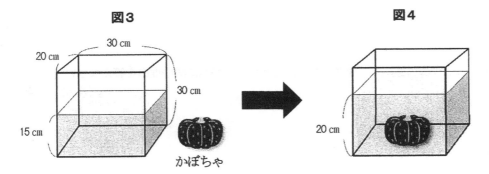

- 8 -

問題4　水の体積を計るために，メスシリンダーを使いました。水100 cm³を計ったときの水面の様子として正しいものを，次の**ア～オ**から１つ選び，その記号を書きなさい。
（8点）

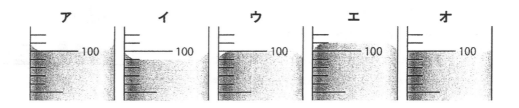

「にんじん」，「じゃがいも」，「玉ねぎ」，「水」の重さと体積を記録し，体積100 cm³あたりの重さを計算で求めました。結果は下の通りです。

表【食材などの体積100 cm³あたりの重さ】

	にんじん	じゃがいも	玉ねぎ	水
重さ（ g ）	189	174	216	100
体積（ cm³ ）	180	145	240	100
体積100 cm³あたりの重さ（g）	105	A	90	100

先生：この結果から，どのようなことが，言えそうですか。

大和：水100 cm³あたりの重さは，100gですね。

　　　わかりました。体積を100 cm³にそろえたとき，水100 cm³あたりの重さである100gより重さが大きいものは水に沈み，小さいものは水に浮くと言えます。

先生：その通りです。

問題5　上の表の**A**にあてはまる数と，じゃがいもが水に沈む理由を答えなさい。
（4点，8点）

- 9 -

数日後，野外活動のときに撮った写真が，ろう下に貼ってありました。

大和：ぼくたちの後ろに，月がきれいに写っ
　　　ているよ。

綾子：これは，日ぼつ直後の午後6時ごろに，
　　　南に向かって撮った写真だね。

大和：そういえば，夜，キャンプファイヤー
　　　が終わって建物に入るころには，月は
　　　違う位置に見えていたよ。

綾子：それは午後8時ごろだったね。月は時間
　　　とともに見える位置が変わるみたいだね。

図5
【日ぼつ直後（午後6時ごろ）の写真】

問題6　次の**ア〜カ**の説明の中から，正しいものをすべて選び，その記号を書きなさい。
（完全解10点）

　　ア　月の形が，日によって変わって見えるのは，太陽と月の位置関係が変わらな
　　　　いからである。

　　イ　野外活動の日の午後8時ごろには，月は，**図5**の月の位置より西側に見える。

　　ウ　野外活動の日の午後8時ごろには，月は，**図5**の月の形より欠けており，三
　　　　日月に近い形である。

　　エ　月が明るく光って見えるのは，自ら光を出すことができるからである。

　　オ　野外活動の日から7日後の午後6時に南の空を見ると，月は**図5**の月の位置
　　　　と同じ位置に見える。

　　カ　野外活動の日から約7日後に，満月が見える。

K 教英出版